Tausend Zeichen
sind so sanfte wie böse Notizen einer Autorin – über
Bestürzendes und Liebenswertes und Absurdes aus dem
sogenannten Alltag:

Kürzlich fuhr ich im Tram stadteinwärts und hörte einer Frau und einem Mann zu, ich nehme an, es waren eine Frau und ein Mann, des Lippenstifts und der Krawatte wegen. Es war ein Ehepaar, ich nehme an, es war ein Ehepaar, sie sprachen weder freundlich noch unfreundlich miteinander. Ihr Thema war eine Badewanne, ich nehme an, es war eine Badewanne, es war etwas, in dem man ausrutscht, außer man tut eine Gummimatte rein, die aber regelmäßig zu reinigen ist, weil sich dort gerne Pilz ansiedelt. »Wenn du ausrutschst, dann hast du das Geschenk«, sagte die Frau, ich nehme an, sie meinte nicht ein Geschenkpaket mit einer bunten Schleife, sondern ein gebrochenes Hüftgelenk oder so. Die beiden waren alt, ich nehme an, sie waren alt, er hatte erstaunlich große Ohren, und sie reckte den Kopf hoch, damit ihr Hals nicht schwabbelte. Sie waren gut gekleidet und waren sauber, ich nehme an, sie waren sauber, wozu hat man denn eine Badewanne.

 Angelika Waldis, Kindheit und Lehrerausbildung in Luzern, Germanistik- und Anglistikstudiuman der Uni Zürich, Arbeit als Journalistin. Heute lebt sie in der Nähe von Zürich. Ihre Kurzgeschichten und Romane – über das Dramatische und Absurde im täglichen Umgang mit sich und den anderen – wurde mehrfach ausgezeichnet. Angelika Waldis ist verheiratet mit dem Gestalter und Autor Otmar Bucher; sie haben einen Sohn, eine Tochter sowie drei Enkel.

»Tausend Zeichen« ist erstmals unter dem Titel *Tage, Tage* erschienen, auf der Website der Autorin: www.angelikawaldis.ch

Angelika Waldis

Tausend Zeichen
Dies und das und überhaupt

Für Fini, Uma, Pila, Tut, Tizi und Tinto

Bibliografische Information der Deutschen Nationalbibliothek:
Die Deutsche Nationalbibliothek verzeichnet diese Publikation
in der Deutschen Nationalbibliografie; detaillierte bibliografische
Daten sind im Internet über http://dnb.dnb.de abrufbar.

© 2017 Angelika Waldis
Satz, Umschlaggestaltung, Herstellung und Verlag:
BoD – Books on Demand
ISBN: 978-3-7431-8277-6

31. Dezember 2016
Sie dachte, er käme. Er kam nicht, sie litt, sie vergaß. Ein anderer kam, sie dachte zu lieben. Die Jahre kamen, sie dachte zu hassen. Es gab Krieg, es gab Flucht. Ende 2016 kam er doch, sie schrie und verzieh. Sie dachte, er bliebe. Aber er verschwand. Ein Roman in acht Sätzen statt auf achthundert Seiten, bestückt mit drei Protagonisten sowie mit Gedanken und Emotionen und Spannung und Erotik und Gegenwartsbezug. Was will man mehr? Vielleicht bei den Satzzeichen eingestreut ein bisschen Pferdegeruch oder Lavendelduft? Bitte rubbeln.

26. Dezember 2016
In diesen positiv beladenen und mit Glückwünschen, Geschenken und Gaumenfreuden überschäumenden Feiertagen denke ich mir, ein paar ausgleichende Festtage im Jahreslauf täten wohl. Zum Beispiel im April: allgemeiner Lügentag. In Politik, Wirtschaft, Gesellschaft und quer durchs gemeine Volk muss öffentlich gelogen werden, dass es kracht – und ohne Berichtigung. Im Juli: 24-Stunden-Hungerfestival. Im September: europäischer Schimpf- und Fluchtag. Mündlich und schriftlich und

in sämtlichen Medien. Im November: Selige Unkaufswoche. Jegliche Käufe sind untersagt, von saudischem Öl bis zu norwegischen Wollsocken. Über einen Dispens von den vier neuen Feierlichkeiten entscheiden die sieben Zwerge unter dem Vorsitz von Rumpelstilz.

25. Dezember 2016

Weil in den engen Kurven bergab das Tram immer quietscht, verstehe ich vom Gespräch der beiden Frauen nur ein paar Fetzen. »… Mutter«. Und noch einmal: »… Mutter.« »Wann?« »Vor einem halben Jahr.« Tram in Kurve. »Es geht auch ohne, ganz klar, aber du spürst schon, dass sie weg ist.« »Braucht Zeit, hä?« »Du sagst es. Manchmal vergess ich total, dass ich keine mehr habe, und dann wieder spür ich plötzlich dieses Ziehen.« Tram in Kurve. »Braucht Zeit, oder?« »Ich sag dir eins: So zu bluten wie eine Sau, das ist das Letzte. Jetzt darf ich dann wieder Velo fahren, endlich.« Tram in Kurve. »Nein, Kari will sowieso keine Kinder. Was soll ich also mit einer Gebärmutter.« Tram hält an.

18. Dezember 2016

Wieder mal im Zug nach Luzern, wieder mal am Rotsee vorbei, diesmal schimmert er tiefdunkel unter einem Nebelschleier, die Uferbäume liegen zur Hälfte im Wasser, schwarz, kahl, und flugs geistert die Dichterin Droste-Hülshoff herbei, mit ihren Versen vom Knaben im Moor: *O, schaurig ist's, übers Moor zu gehn, / wenn es wimmelt vom Heiderauche, / sich wie Phantome die Dünste drehn / und die Ranke häkelt am Strauche …* Die Reisende neben mir studiert in der Gratiszeitung die Angebote des Tages, Rollschinken, Frühtulpen, Herrensocken, und knabbert an einem Daumennagel. Als ich ein Kind war, ging die Familie hier auf den Sonntagsausflug. Zuerst mit dem Fährmann über den See, ihm fehlte eine Hand, er hielt das Ruder mit einem eisernen Haken, dann vorbei am Frauengefängnis, eine weiße Flagge auf dem Dach bedeutete, dass gerade niemand eingesperrt war, dann weiter über die sanften Hügel und durch die Obstbaumwiesen.

17. Dezember 2016
Draußen ist es zwei Grad über null, der Garten ist raureifweiß, die Katz sitzt drinnen am Fenster mit Blick aufs Vogelhaus. Dort ist ein Hin und Her, ein An- und Abflug, ein Flattern und Flüchten. Die ganze Vogelmeute wäre beste Katzenbeute, außer Elster, Specht und Eichelhäher, die wären eine Nummer zu groß. Die Katz sitzt reglos, nur die Schwanzspitze zittert. Kohl-, Blau- und Schwanzmeise, Spatz, Kleiber, Buchfink und Amsel, Amsel, Amsel. Bös irritierende Wesen, die können, was die Katz nicht kann: fliegen. Sie schaut und schaut, die kleine Masochistin. So wär's, wenn man mich an eine Sushi-Bar setzte, die Hände auf den Rücken gebunden, und auf dem Laufband zögen Teller um Teller mit Köstlichkeiten an mir vorbei. Ich hol der Katz jetzt was Leckeres aus dem Kühlschrank.

15. Dezember 2015
Morgen fahre ich ins Tessin an eine Abschiedsfeier. Ein Mann hat sich umgebracht. Er hat einen Text hinterlassen,

der an der Feier vorgelesen werden soll. Und er hat einen Schock hinterlassen bei denen, die ihn liebten, die ihn mochten. Er muss gewusst haben, dass man ihm diesen Schock schwer verzeiht, aber es blieb ihm wohl keine andere Wahl. Ich habe ihn nicht so gut gekannt, dass ich trauern müsste. Es gab ein paar gute Gespräche, ein paar fröhliche Tafelrunden, ein paar Familienbilder. Auch wenn wir uns einige Mal umarmt hatten, kannte ich ihn eigentlich nur von weitem. Er war ein schöner, freundlicher, gescheiter Mensch. Gesund, soviel ich weiß. Als er sich erschoss, war er fünfundachtzig Jahre alt. Wunsch: Dieser Todesschatten lege sich nicht für immer auf der Erinnerung nieder.

10. Dezember 2016

Weiß nicht, welche Google-Welle mich auf die Website von BIID geschwemmt hat. Weiß nur, dass ich um ein Unverständnis reicher bin. BIID ist ein Akronym von Body Integrity Identity Disorder. Wer an BIID leidet, will zum Beispiel sein Bein amputiert haben, denn sein Hirn will das Bein nicht anerkennen. Er denkt an nichts mehr anderes als an Amputation. Aber die Ärzte weigern sich, das Bein ist ja gesund. Also klappt er in der Freizeit das Bein hoch, bindet es an den Oberschenkel, geht mit einer Krücke spazieren und ist dann einigermaßen glücklich. Auf dem Forum der Website tauschen sich die »BIIDler« aus, über den Leidensdruck, die Scham, über die Höhe der Amputationsstelle, über das Glück, einen Stumpf anzufassen … Weltweit soll es mehrere Tausend Betroffene geben – meistens Männer – , die einen Körperteil

weghaben wollen, meistens das linke Bein. Fassungslos
schaue ich beim Tippen auf meine Finger. Ich möchte
zum Glück keinen loshaben.

9. Dezember 2016
»Ihalootepuloovl!«, singt ein kleines Mädchen und tanzt
an der Kasse des Autobahn-Cafés vorbei. Tanzt um
die Tische. Freude, kleiner Götterfunken, Tochter aus
Elysium (Schiller, bisschen umgetextet). »Ihalootepuloovl!« Ich habe einen roten Pullover, heißt das, und wer
es nicht versteht, kann es sehen: Der kleine Götterfunken trägt einen roten Pullover. »Ihalootepuloovl!«
Dass man sich so über einen roten Pullover freuen
kann. Sogar deswegen tanzen muss! Das steckt an.
Auf der Weiterfahrt im Auto fangen wir an zu singen:
»Ihalootepuloovl!«

27. November 2016
Heute Morgen ist der Nebel bis auf den Waldboden
gesunken. Die Baumkronen waren umhüllt, die Stämme
verschleiert, sie waren zu erahnen, Herden von Giraf-
fengeistern. Der Nebel war so dicht, dass ich meinte,
beim Vorwärtsgehen sein Gewicht zu spüren, zum Glück
war der Weg noch sichtbar, ich konnte meine Füße an
frischen Pferdeäpfeln vorbeisteuern, die dampften noch,
was für ein Grau-in-Grau-Gemälde. Es war genau die
Stimmung, in der man die Erscheinung eines Einhorns
oder eines weißen Hirschs erwarten könnte, und da brach
auch tatsächlich etwas aus dem Gebüsch, gelbschwarz,
groß, eine Riesenhummel, die vor dem Winter noch kein

passendes Erdloch gefunden hat, ein Jogger war's. Ganz
kurz wurde ich von seinem unfrohen Blick gestreift.

25. November 2016
Les sanglots longs des violons de l'automne … Das schöne
Verlaine-Gedicht habe ich mir als Schülerin ins Hirn
geschrieben, ich kann es noch immer. …*blessent mon coeur
d'une langueur monotone* … Hip Dent, ruft das Hirn
dazwischen. *Tout suffocant et blême, quand sonne l'heure* …
Hip Dent! Hip Dent! ruft das Hirn wieder. Was soll
das? Ich schaue im Internet nach und erfahre: Hip Dent
ist eine feine Einbuchtung zwischen dem Ende des
Oberschenkelknochens und der Hüfte, und Models mit
Hip Dent sind zurzeit besonders begehrt. Richtig, das
habe ich vor Kurzem in einer Zeitung gelesen und, so
scheint es, im Hirn direkt neben Verlaine gespeichert. …
je me souviens des jours anciens et je pleure … Hip Dent.
*Et je m'en vais au vent mauvais qui m'emporte deça, delà,
pareil à la feuille morte.* Hip Dent. Hip Dent. Hüft-
Delle. Hip Dent. Bitte, liebes Hirn, könntest du vielleicht
das Gedicht stehen lassen und Hip Dent löschen? So
sorry, Mister Verlaine.

13. November 2016
Heute ist der Dreizehnte. Wem die Dreizehn Angst
macht, ist ein Triskaidekaphobiker, hat jeden Monat
ein-mal Bauchschmerzen wie die Frau vorm Eisprung.
Die Gemeinde Benken SG wollte auch dieses Jahr
einen Wirtschaftspreis für lokale Unternehmer verleihen,
aber der Preisträger lehnte ab – es wäre die 13. Ausgabe

des Preises gewesen. Es ist furchtbar, woran der Mensch leiden kann, will oder muss, die Zahl der Phobien ist unbegrenzt. Der Erste hat Panik bei der Dreizehn, der Zweite kann keine Triskaidekaphobiker aushalten, der Dritte hat Angst vor Phobien, dem Vierten reicht ein Spinnchen ... und so weiter ... und der Dreizehnte hat Angst vor sich selbst. Der Allmächtige hat bei der Erschaffung der Welt zu jedem erdenklichen Ding noch einen phobischen Schatten geschaffen. Es ging grad in einem.

12. November 2016
Ich muss einen steinigen steilen Hang runterklettern, schwierig, aber da seh ich gelbe Geländer im Fels, kann mich festhalten und schaff es nach unten, so wie der vor mir, mein Ehemann? Jetzt sind wir die Bekannte los, die wir loshaben wollten. Nein, sie ruft von oben: Wartet, ich komme auch. Ein blöder Traum mehr, denk ich, als ich erwache. Und zum ersten Mal fällt mir ein: Bestimmt komme ich auch vor in den Träumen anderer. Die klettern mir an gelben Geländern davon, und weiß der Teufel, in was für abstruse Geschichten sie mich im Traum verwickeln. Ich bin darin eine Figur, die man ungefragt verwenden kann. Eigentlich ein recht unangenehmer Gedanke.

10. November 2016
Schadenfreude ist eine tiefgehende Freude. Schade, dass man sie nicht zeigen darf. Es ist eine unkorrekte Freude, vielleicht wollen sie die Englischsprechenden deshalb

nicht in ihrem Wortschatz: Im Cambridge Advanced Learner's Dictionary wird Schadenfreude mit »Schadenfreude« übersetzt. Muss man deutsch denken, um sich so richtig hässlich zu freuen? Auch »Weltschmerz« und »Wanderlust« haben es ins Englische geschafft. Auch »Doppelgänger« und »Poltergeist«. Bei solchen Transaktionen könnte man fast denken, es gebe typisch deutsch Gedachtes und typisch deutsch Gefühltes. Das wäre aber ein Trugschluss – und der heißt auf Englisch anders.

9. November 2016
Breaking News aus den USA: Es gibt keine demokratische Präsidentin! Der republikanische Horrorclown hat gewonnen! Was für ein Hohn. Was für ein Sturz aus der Zuversicht. Good old Hoffnung wurde der Schädel gespalten. Das macht traurig, und Angst macht es auch. Was wird der unberechenbare Trumpator mit seinem Land anstellen? Und was mit dem Rest der Welt, also mit uns? Dieser schwarze neunte November hat bereits ein Kürzel: Eleven/Nine – in Anlehnung an die Tragödie von Nine/Eleven.

7. November 2016
Ein altes Büchlein ist mir in die Hände geraten – Max Bolliger, Gedichte, 1953. Ich muss so fünfzehn Jahre alt gewesen sein, als ich meiner Mutter aus dem Büchlein das Inhaltsverzeichnis vorlas und so tat, als sei es ein Gedicht. Sie hörte andächtig zu, stutzte ein wenig. Als ich laut herauslachte, lachte sie erleichtert mit. Ach, Mutter, ich würd's dir gern noch mal vorlesen:

Hände
Einer traurigen Frau
Auch das ist gut
März
Ganz ohne Schwere
Kleiner Vogel
Meiner Mutter träumte
Du gehst vorbei
Wie von weit
Vorherbst
Auf dem Hügel
Zu einer Bienenwachskerze
Freude

23. Oktober 2016
Der Schriftsteller Julian Barnes (mag ihn sehr!) spricht in einem Zeitungsinterview vom Unbehagen bei Lesungen. Er zitiert Philip Larkin (viel gewürdigter englischer Poet, hab's gegoogelt!), der Lesungen nicht mochte und sagte: »I don't want to go around pretending to be me.« Wie schön ist das umschrieben, dieses unangenehme Gefühl, ich müsse mich so darstellen, wie die anderen mich zu sehen glauben. So zu tun, als sei ich ich. Vielen Dank, Mister Larkin, Ihre Bemerkung tut wohl. Hilft mir auch durch lästige philosophische Gespräche über das Finden des Ichs. Ich hab's nämlich gar nie gesucht.

15. Oktober 2016
Wir stürzten immer tiefer in die Kauforgie, der Einkaufswagen war schon randvoll, Stockfisch, Feigen,

Socken, Oliven, Teller, Käse, Pullover, Birnen, Besen, Mandeltorte, alles durcheinander. Der Gigasupermercato gleich jenseits der Grenze war neu für uns, und da wir doch schon mal hier waren, wo es alles gab, was Herz, Gaumen und Augen begehrten, griffen wir zu, schon fast berauscht. Aktion, Aktion! Vor dem Joghurt-Regal war ich aufs Mal stocknüchtern. Zwei Stück hätte ich kaufen wollen, jedoch war das Regal gewiss acht Meter lang und sechs Tablare hoch und präsentierte eine schon fast obszöne Masse von Joghurtsorten, Joghurtgrößen, Joghurttypen. Zu viel des ach so Guten. Ich verließ den Tempel des heiligen Aktionius, holte draußen tief Luft und stellte befriedigt fest, dass ich diese nicht kaufen musste.

14. Oktober 2016
Beim Kastaniensuchen im Tessin kam mir ein Mann entgegen und verschwand abrupt seitwärts zwischen den Bäumen, so als wollte er nicht gesehen werden. Es regnete, ich kletterte den Pfad hoch und bückte mich mal da, mal dort nach einer extragroßen Frucht. Besonders ergiebig war ein mächtiger Baum am Waldrand, hier hatte noch niemand gesammelt, alle Läden des Ferienhauses dahinter waren verschlossen, keiner da. Doch, da war wieder dieser Mann, er kehrte hastig um, als er mich sah, so als hätte er etwas vergessen. Vielleicht ein Flüchtling, dachte ich, ist über die nahe Grenze gekommen und hat in dem Haus einen heimlichen Unterschlupf gefunden. Vielleicht saß eine ganze Gruppe dort drin, rauchte und fror und öffnete Konservendosen. Wenn es so wäre, ich

würde sie nicht verraten, dachte ich. Der Mann hatte eher dunkel ausgesehen, wie etwa ein Pakistaner. Oder wie ein Tessiner, so fiel mir plötzlich ein. Alte Eselin, dachte ich, packte Sack und Hirngespinste und machte mich auf den Heimweg.

10. Oktober 2016

Nächsten Monat ist Präsidentschaftswahl in den USA. Kandidat Trump ist derart unmöglich, dass wohl Kandidatin Clinton gewinnt. Und damit ist dann der mächtigste Mensch der Welt eine Frau. Seit Tausenden von Jahren waren Männer an der Macht, sagten, was Frauen durften, sei's im Staat, sei's in der Religion, in nomine Domini. Die Frau war ja lediglich ein Geschöpf aus Adams Rippe. Oder, wie Schopenhauer schrieb: »… eine Art Mittelstufe zwischen dem Kinde und dem Manne, als welcher der eigentliche Mensch ist.« Oder wie Aristoteles sagte: »Das Weibchen ist ein verkrüppeltes Männchen.« Und jetzt – so sieht's aus – wird so eine Art Mittelstufe bzw. ein verkrüppeltes Männchen demnächst Chefin der Vereinigten Staaten und Tonangeberin der Welt! Herrgott, was sagst du dazu?

9. Oktober 2016

Das Hirn meines Gegenübers mit nichts als meiner Denkkraft manipulieren – das geht nicht. Ich hoffe, dass es nie gehen wird. Denn würde es gehen, könnte mein Gegenüber dasselbe mit mir tun, was für eine Horrorvorstellung. Im Swiss Cybathlon Race der ETH Zürich steuerten gestern halsabwärts komplett gelähmte Menschen

kleine Figürchen – Avatare – durch ein Computerspiel.
Sie ließen sie springen, tanzen, rutschen, mit Hilfe ihrer
Gedanken und einer Gehirn-Computer-Schnittstelle,
die ihre Gedanken las. Es war so großartig wie unheimlich. Die Technologie wird weiterentwickelt werden.
Irgendwann wird man mit Gedankensteuerung Roboter
aktivieren können. Es ist mir irgendwie recht, dass ich das
nicht mehr erleben werde.

7. Oktober 2016
In Deutschland hat jedes fünfte Kind zwischen drei und
sieben Jahren eine psychische Störung. Sagt das Robert-
Koch-Institut in Berlin. Was soll ich daraus schließen?
Ich entscheide mich mal dafür: In Deutschland sind vier
von fünf Kindern zwischen drei und sieben Jahren
langweilig, fad, durchschnittlich, angepasst, einfallsarm,
farblos, uninteressant, mittelmäßig. Armes Deutschland,
sage ich da. Oder soll ich besser dem Robert-Koch-Institut nicht so ganz trauen? Übrigens: Die Zahl verordneter
Tagesdosen von Ritalin und ähnlichen Medikamenten
soll innerhalb eines Jahrzehnts von 8 auf 55 Millionen
gestiegen sein. Wenn das nicht jedem fünften Kind hilft,
dann bestimmt jedem fünften Pharmaunternehmen.

6. Oktober 2016
»Garstonom« steht in der Zeitung. Nur ein Druckfehler.
Aber der Gastronom wird sich ärgern. Und mich bringt's
zum Lachen. Ich schäm mich auch ein bisschen. Spätschämen könnte man es nennen: Die Nachbarin damals
in den Siebzigern, eine Ostdeutsche mit unschönen

Erinnerungen und unschönen Zähnen, schwärmte davon, einmal nach Paris zu reisen. Fast sehnsüchtig sagte sie: »Ich würde so gern mal in einem Birsto sitzen.« Sie konnte nicht Französisch, die Nachbarin, und sie konnte auch nicht nach Paris, sie starb kurze Zeit später. Ich hab sie damals heimlich ausgelacht, nur wegen eines einzigen falsch platzierten Buchstabens. Und ich hab sie nicht vergessen, nur wegen eines einzigen falsch platzierten Buchstabens.

4. Oktober 2016
Das Haus ist alt, die Wasserleitungen sind alt, und wir sind alt. Als das Wasser laut wie der Rheinfall aus dem Rohr in den Keller rauschte, waren wir hilflos. Was bislang auf dem Boden gestanden hatte, begann im Wasser zu schaukeln, Schuhe, Körbe, Kleinkram. Wir stopften, rannten, retteten. Es schien, als sprudle das Wasser des ganzen Quartiers aus unserer Röhre. Fast zielgerichtet floss es in den Nebenraum, zur Kellerbibliothek mit gesammelter Belletristik aus fünfzig Jahren. Das war's dann, ihr Dichter und Dichterinnen, jetzt werdet ihr verschimmeln, dachte ich und beschloss, dem Weinen nachzugeben, tat's dann doch nicht, war ja schon nass genug, triefnass. »Die Feuerwehr kommt ab fünf Zentimeter Wasserhöhe«, sagte der rettende Mann von der städtischen Wasserversorgung. Wir hatten nur drei Zentimeter.

27. September 2016
»Hör endlich auf«, sagt die Katz, »so ungemütlich zu tun.« Vier Bücher knallen vor ihr auf den Boden, sie springt

auf und setzt sich gleich wieder. »Was machst du da
eigentlich«, sagt sie, »auf jeden Fall machst du Staub. Und
warum stehst du auf der Leiter und stöhnst?« Ich sage ihr,
dass ich Bücher entsorge. »Die Psychologie-Bücher und
die Gedichtbände, verstehst du, Katz?« Nein, tut sie nicht.
Sie sagt, sie wisse nicht, warum wir Gedichte überhaupt
erst in diese Dinger da reinschreiben und dann zum Lesen
wieder hervorholen. »Wir dichten direkt in die Luft«,
sagt die Katz. »Das ist viel effektiver.« Sie hat wohl recht.
»Bitte, dichte was, Katz!« Sie überlegt und kratzt dann
mit der Pfote etwas hinterm Ohr hervor: »Alte Freundin
steht auf Leiter und weiß ganz und gar nicht weiter.«
Das sei schön, sage ich, besonders die »Freundin«. Und
besonders die Zeilenfall- und Interpunktionsangaben mit
der Schwanzspitze. »Also«, sagt die Katz, »kommst du
jetzt endlich ins Bett?«

21. September 2016

Ich fuhr mit dem Auto um die Kurve, da riss oder
platzte etwas in seinen Innereien, »puff«, kaum hörbar,
aber es war das Ende. Mit dem vorhandenen Schwung
konnte ich noch bis zum Straßenrand steuern, stellte
das Pannendreieck auf, rief den Pannendienst an. Ich
öffnete die Motorhaube, glänzend lag der Motor vor mir,
kam mir vor wie ein großes Gedärme in einem stillen
Leib. Ein paarmal noch drehte ich den Schlüssel, doch
es ertönte nur endlos Gewinsel, kam mir vor wie sich
verflachende Linien auf dem Monitor kurz vor Herzstillstand. Der Pannenhelfer fuhr vor, lud das Auto auf seinen
Abschlepper, kam mir vor wie Sarg und Leichenwagen.

Zwölf Jahre war ich mit dem Auto rumgefahren, aber erst jetzt fühlte ich so was wie eine sentimentale Verbindung. Nichts mehr zu machen, sagte der Garagist am Telefon. Zahnriemen gerissen. Ich wusste nicht mal, dass mein Auto einen Zahnriemen gehabt hatte. »Schade«, sagte der Garagist. »Mein Beileid«, sagte er nicht.

20. September 2016
Ein Jugendbuch von 1937, grüner Leinenumschlag, auf der ersten Seite der Name meiner Schwester, Schönschrift, Tinte, Hilfslinien mit Bleistift. Auf der letzten Seite ein Eintrag meiner Tochter, gut dreißig Jahre später. »Empfehlbar«. Sie hat als Kind eine Zeitlang Bibliothekarin gespielt und unsere Bücher entsprechend beschriftet. War wohl nicht sonderlich begeistert von dem grünen Buch. Es heißt »Pedronis muss geholfen werden«. Ich kann mich an die Geschichte erinnern, sie war einigermaßen aufregend, traurig und von deutlicher Moral. Geschrieben hat sie Oskar Seidlin, geboren als Oskar Koplowitz in Oberschlesien, 1933 in die Schweiz und später nach USA emigriert, Literaturwissenschaftler. Er lebt nicht mehr, und sein grünes Jugendbuch ist vergessen. Zwar habe ich es kürzlich meiner Schwester überreicht, und sie sagte überrascht: »Oh, da schau ich gern wieder mal rein.« Nach ihrem Reinschauen wird das Leben des Buchs dann wohl definitiv zu Ende sein. Ja, auch Bücher sterben.

18. September 2016
Die Tollkirschen sind reif. Schwarz, glänzend. Direkt am Waldwegrand. Man braucht nur die Hand auszustrecken,

um sie zu pflücken. Ich frage mich, warum der Förster
sie da stehen lässt. Sonst lässt er doch vernichten, was
ihm nicht ins Konzept passt, zum Beispiel böse
Neophyten wie das Drüsige Springkraut und den Japanischen Knöterich. Zehn bis zwölf Tollkirschen braucht's,
um einen Erwachsenen umzulegen, für Kinder reicht
die Hälfte. Wär gut möglich, dass mal ein paar Kinder
auf die schöne Atropa Belladonna aufmerksam werden …
Leicht süßlich sollen sie schmecken, die tödlichen Beeren.
Ob der Förster, der freundliche Mann, gar was Mörderisches im Sinn hat? Nein, der Förster wohl nicht. Der
Mörder ist immer der Gärtner.

10. September 2016
Kein sonderlich schöner Bau, das Hotel Waldhaus in
Sils Maria. Seit 1908 thront es auf seinem Hügel mit
Zinnen, Türmchen, Erkern. Fast würde man es naserümpfend links liegen lassen, wüsste man nicht, welche
Geistesgrößen da mal abgestiegen sind, um auf Nietzsches jahrzehntealten Spuren zu wandeln: Mann, Hesse,
Einstein, Jung, Adorno, Benn, Kästner … Also nichts
wie rein in die vornehme Höhle, wo Kultur fast von den
Wänden trieft. Diskret spielen Musiker zum Afternoon
Tea auf, lautlos bringen Kellner Kännchen und Kelche,
gedämpft wabern Gespräche über die Tische, sanft
schimmert Waldesgrün durch die hohen Fenster. Und
dann steht dort draußen plötzlich ein Reh, rupft Gras,
schaut nicht mal rein. Wir und die ganze gebildete,
feinsinnig plaudernde Horde sind ihm egal. So ein Reh
taucht auch auf in Kästners Gedicht »*Vornehme Leute*«:

Sie haben ihren Smoking an./Im Walde klirrt der Frost./Ein kleines Reh hüpft durch den Tann./Sie haben ihren Smoking an/und lauern auf die Post.

7. September 2016
Der Regionalzug hielt, ich sah nicht, wie die Station hieß. Nur wenige Leute stiegen aus und ein. Im vorderen Teil des Waggons weinte jemand herzzerbrechend. Eine Frau. Schluchzte, wimmerte, schrie. So schmerzerfüllt, als hätte man ihr für immer ihr Kind von der Brust gerissen. Auf dem Sitz hinter mir sagte eine Männerstimme trocken: »Da weint jemand.« Das Weinen war furchtbar. Tut man da was oder tut man nichts, fragte ich mich. Mir gegenüber saß eine junge Muslimin mit Kopftuch. Sie stand kurz entschlossen auf und begab sich Richtung Elend. Als sie wiederkam, fragte ich, ob man helfen könne. Sie schüttelte den Kopf. Die weinende Frau schluchzte ins Handy, deutete sie an. »Problem anderes ist«, sagte sie in gebrochenem Deutsch. Sie hatte getan, was ich hätte tun sollen. Ich hätte ihr etwas Anerkennendes sagen müssen. Aber nicht mal das tat ich. Das wilde Schluchzen dauerte noch an bis zur nächsten Station. Die hieß Wiesendangen.

31. August 2016
Heute früh war ich schwimmen. Die ersten paar Meter See lagen noch im Schatten, ich schwamm mit selbstverordneter Vorfreude möglichst rasch durchs Kühle hinaus in die Sonne, und dort genoss ich Zug um Zug die wunderbar glitzernde Fläche. So geht's mir manchmal mit Büchern: Ich mühe mich ab mit ersten Kapiteln und

plötzlich bin ich mitten in einer faszinierenden Weite
und in einem wunderbaren Licht und kann nicht genug
davon bekommen. Weg ist das anfängliche Frösteln, nur
noch Lust ist da – und Spannung, weil man so viel Tiefe
unter sich weiß. Es kommt auch vor, dass ich das Buch
schon nach ein paar Seiten entschlossen zuklappe, weil
es für mich zu kalt ist. Dann spritzt immer ein bisschen
Beschämung auf.

30. August 2016
Seit gestern Mittag ist es mir endgültig klar, dass ich alt
bin. Ich hatte für die Enkel aufwendig gekocht, Bohnen
aus dem Garten, Nudeln Bolognese, zum Dessert einen
süßen Auflauf. Das Essen fand Anklang, der Schulfreund
eines Enkels saß mit am Tisch, und es wurde eifrig
geredet. Nicht über Surfboards, YouTube, Burgers. Nicht
über Smartphones, Sneakers, Open-Airs. Über Max
Frisch und Homo Faber! Über Faber in Mexiko! Faber
auf dem Schiff! Faber in Griechenland! Über Sabeths
rötlichen Rossschwanz und den Kamm in der hinteren
Tasche ihrer Hose! Über griechische Tragödien und den
Ödipus-Komplex! Sie sind mir davongewachsen, dachte
ich fassungslos. Ich kam mir ein bisschen verlassen vor, so
wie wenn der Bus, statt zu halten, an einem vorbeifährt.
Die kostbaren eigenen Bohnen hab ich dann doch noch
gegessen.

28. August 2016
Niemand geht in dieses Dorf oben am Berg. Vielleicht mal
ein paar Ziegen oder ein Bauer, der einen Platz für seinen

Bienenkasten sucht. Das Dorf ist kaputt, seit einem Felssturz im letzten Jahrhundert verlassen. Der Weg hinauf ist steil und versteckt. Ich hab ihn im Sommer 07 per Zufall gefunden und acht Jahre später erneut gesucht. Zu schön ist es zwischen den Ruinen: Man sieht noch Ein- und Durchgänge, Rundbögen, ein paar hellblaue Farbreste an den Wänden, einen Brunnen mit Kuppel, schräge Grabsteine. Die Bäume sind alte Riesen. Feige, Granatapfel, Maulbeere, Nuss, Olive. Nur Holz und Steine liegen auf den Pfaden, kein Fitzelchen Plastik. Tief unten schimmert die türkische Ägäis, ein abgestürzter Himmel. Was sich bewegt: sehr sacht ein Wind, kaum merklich eine Schildkröte und möglicherweise die Zeit. Wenn Letztere nichts dagegen hat, ginge ich gerne wieder mal hin.

18. August 2016
Die *Zahnlose Schließmundschnecke* habe ich noch nie gesehen. Wenn ich sie mir vorstelle, denke ich an Gesichter im Speisesaal eines Altersheims. Ist nicht nett, ich weiß. Wer gibt den Lebewesen eigentlich ihre Namen? Egal. Hauptsache, die vom Aussterben bedrohte *Zahnlose Schließmundschnecke* überlebt. Sie hat jetzt eine Chance. Man hat nämlich im Wildpark Langenberg auf gefällten Kastanienbäumen ein paar Exemplare entdeckt und diese zur Wiederansiedelung an einen neuen Ort gebracht: auf Bergahorn und Eschen rund um die Ruine Schnabelburg im Sihlwald bei Hausen am Albis. Ich habe das nicht erfunden, es stand in der Zeitung, und ich finde es wunderbar, dass da neben Massakern in Syrien und Hinrichtungen in Saudi-Arabien auch so etwas steht.

Hier noch mal die Adresse der Wiederangesiedelten:
Zahnlose Schließmundschnecke, Ruine Schnabelburg, Hausen am Albis.

14. August 2016

José hat einen Blumen- und Gemüsegarten angelegt. Wo vorher struppiges Gras wuchs, blüht und reift nun allerlei, wenn auch erst spärlich: Gladiolen und Sommerflor, Tomaten, Zucchini. Am Ende des Gartens hat er – wie der Fürst im Schlosspark – einen Blickfang errichtet. Er hat drei Autoreifen rot-weiß im Backstein-Look bemalt, diese aufeinandergeschichtet, darauf wie über einem Sodbrunnen ein rundes Spitzdach im Ziegel-Look montiert. Was ist das, fragen wir, und das war falsch. Merkt ihr denn nicht, scheint José beleidigt zu sagen, dass das ganz einfach schön ist? Er sagt nichts. Und erst nach einer Pause meint er: Ich will da mal ein paar Kräuter reinstellen. Das mit den Kräutern ist gelogen, das haben wir jetzt begriffen. Auch dass Schönheit etwas absolut Relatives ist. Aber davon mal abgesehen: Was ist denn Schönheit überhaupt?

9. August 2016

Sieben Tage war ich an der Küste von Norfolk, in Cromer. Wenn ich an diese Woche zurückdenke, müsste mir eigentlich zuerst der altmodische Pier einfallen. Oder die Wanderung über die Klippen mit Blick auf die graue See. Oder die Verwunderung über so viele so dicke Leute, die essen und essen. Oder der Aufseher im kühlen Lifeboat--Museum, dem Schweiß übers Gesicht läuft wie Regen übers Eisenbahnfenster. Oder mein Enkel in Amys Sweet Shop, der kurz überwältigt ist von den Gläsern voller Candies. Oder die Enttäuschung, dass die Wellen nur schwappen und nie aufregend werden. Aber das kommt alles an zweiter Stelle. An erster Stelle ist der weinende rotgesichtige Mann im Polstersessel, den ich durchs Schaufenster der Cromer & District Independent Funeral Services sehe. Er hat ein Begräbnis zu besprechen, neun Uhr morgens, sonniger Tag.

22. Juli 2016

Im Tessin haben wir mal einen Kumquat gesetzt. Das Bäumchen mochte seinen Platz und gedieh. Aber statt der orangefarbenen, herrlich bittersüßen Früchtchen reiften ungenießbare Zitronen heran, die bestanden fast nur aus Kernen und einer dicken pelzigen Schale. Zudem waren die Äste voller gefährlich spitzer großer Dornen. Wehe, wenn die den spielenden Kindern ins Auge gingen. Als wir beim Gärtner reklamierten, meinte er, da habe sich die Veredelungsgrundlage, eine Wildzitrone, gegenüber dem aufgepfropften Kumquat durchgesetzt. Er gab uns ein neues Bäumchen. Es gedieh, es blühte, und wieder bescherte es uns nur ungeliebte Wildzitronen und bitterböse Stacheln. Jetzt aber wussten wir Bescheid und schnitten alle neuen Triebe weg. Übrig blieb ein kümmerliches, ab jetzt streng beobachtetes Kumquat-Stämmchen. Das soll uns nun endlich die gewünschten Früchte liefern. Das Wilde ist halt oft mal stärker als das Aufgepfropfte. Aber ich will hier nicht pädagogisch werden, nein, keinesfalls …

20. Juli 2016
Frühmorgens liege ich im Bett, die Türe öffnet sich einen Spalt, der Enkel steckt den Kopf rein. »Was machst du? Denken?«, sagt er. »Ja«, sag ich. »Willst du auch?« Er legt sich neben mich und dann denken wir angestrengt nebeneinander her. Nach etwa fünf Minuten ist er fertig, federt mit einem vollendeten Luftsprung vom Bett und verschwindet. Ich bleibe liegen und statt selber zu denken, lasse ich denken, das ist gut eingespielt. Die alten Denk-Lakaien kommen umgehend und bringen Tabletts voller Gedanken, wickeln sie aus oder packen sie ein oder stapeln sie aufeinander oder werfen sie aus dem Fenster oder verknüpfen sie zu neuen Mustern oder zerkrümeln sie und streuen sie mir übers Haupt. Ich brauche gar nichts zu tun. Schön ist das, es denkt einfach. Bis irgendwo im Haus Wasser rauscht und ich wieder selber denken muss: O je, wir haben die Spülung noch nicht geflickt, und den Briefkastenschlüssel müssen wir auch noch suchen.

12. Juli 2016
Ich möchte gern den 12. Juli zum *Tag der unscharfen Schere* ausrufen. Den gibt es nämlich noch nicht. Ist der 12. Juli noch frei? Bis anhin ist er lediglich der *Nationalfeiertag von Kiribati*. Wo ist das überhaupt? Gibt es dort Scheren? Falls ja, müssten die Kiribaten dann den 12. Juli doppelt feiern. Aber das geht. So haben die Deutschen am 21. Juni gleichzeitig *Tag des Schlafes* und *Tag des Sonnenschutzes*. Wahrscheinlich feiern sie den *Tag des Schlafes* nachts – und tags nur den *Tag des Sonnenschutzes* und den auch nur bei warmer Witterung. So gewinnen sie Feierzeit. Ich weiß

nicht, ob die Kiribaten so tüchtig sind wie die Deutschen. Ob sie zum Beispiel imstande sind, zum Nationalfeiertag eine neue Flagge zu kreieren: unscharfe Schere auf blauem Grund. Ich trau es ihnen einfach mal zu und erkläre hiermit den 12. Juli zum *Tag der unscharfen Schere*, weltweit.

11. Juli 2016

Intelligenz kann man messen. Dummheit wohl nicht. Dummheit ist nicht das Gegenteil von Intelligenz, ist nicht einfach Intelligenz unter null. Tiefintelligente sind nicht automatisch dumm. Tiefintelligente können überraschend listig und lustig sein. Aber Dumme, die sind eine Kategorie für sich. Ja, das ging mir heute Morgen durch den Kopf, als ich im Wald dieses Säcklein sah. Dieses faustgroße, ordentlich zugebundene Plastiksäcklein am Wegesrand. Plötzlich war ich überzeugt: Auch Dummheit kann man messen. Eine Skala muss her! Darauf sind zuunterst die leicht Dümmlichen und zuoberst die absolut unfassbar stock- und strohdummen Volltrottel. So einer muss kurz vor mir durch den Wald gewandert sein, einer mit Hund. Der Hund hat brav seine Kacke gekotet, der Trottel hat sie ins Säcklein geknotet. Und da liegt es nun am Wegesrand, wird nicht verrotten, wird bleiben für immer. Derweil wiegt sich der Trottel im Behagen, er sei ein ordentlicher Mensch.

7. Juli 2016

Heute stand ich im Garten und hörte einen Summton. Fein und hoch und stetig. Aus dem Haus kam er nicht.

Auch nicht aus der Ferne. Aus mir vielleicht, rauschte etwa mein Blut? Ich tat ein paar Schritte, da wurde er leiser. Ich hörte auf zu atmen, der Summton blieb, als sei er der Summton der Welt. Es war ein stiller, schöner Tag, ein Himmel ohne Jet. Nichts bewegte sich außer zwei Pünktchen in Richtung große Linde. Ihnen ging ich nach, stellte mich unter den Baum und lauschte. Hier war der Summton voll aufgedreht, und jetzt wusste ich auch, woher er kam – von den Bienen an den Lindenblüten. Sie waren in der dichten Krone kaum zu sehen. Ich habe mal bedauert, dass unsere Lindenblüten nicht duften. Und finde jetzt: Sie zu hören ist noch viel wundersamer, als sie zu riechen. Auch wenn die Bienen längst weg sind, wird mir dieser Summton des Lebens bleiben.

20. Juni 2016
Der Hochzeitsflug der Ameisen ist vorbei. Während rund zwei Wochen hing jeden Morgen ein neuer Schwarm geflügelter Bräutigame wie ein Stück grauer Schleier innen an der Fensterscheibe. Es gelang mir nicht herauszufinden, durch welche Ritze er ins Haus kam. Eigentlich sah er ganz schön aus, erinnerte an die Massenhochzeit der Moon-Sekte in Korea. Ich versuchte mir einzureden, der Schwarm störe mich nicht. Aber als die Hochzeiter vereinzelt auch in die PC-Tastatur kletterten und in meine Kaffeetasse taumelten, holte ich den Staubsauger. Ich saugte jeden Tag, ich leerte den Beutel im Garten aus und sah, dass da immer noch Leben war. Noch bewegten sich ein paar staubschwere Flügelchen. Bei Elias Canetti habe ich irgendwo gelesen, in unserem Verhältnis zum

Tier seien wir alle Nazis. Wahrscheinlich hat er eher an die Schlachtung von sogenannten Nutztieren gedacht als an das Killen von Ameisen. Ich möchte kein Nazi sein. Ich möchte nicht, dass der Ameisengott mich straft. Ich möchte einfach keine Ameisen in der Tastatur. Es sei denn, sie würden für mich schreiben.

19. Juni 2016
Jetzt müsste ich mir eigentlich ein Glas einschenken und auf mich anstoßen wollen. Denn ich habe »Ende« unter meinen neuen Roman geschrieben. Aber die Freude fehlt. Jetzt könnte ich eigentlich die sauber ausgedruckten Seiten durchlesen und mich mit Elan ans Ausfeilen und Überarbeiten machen. Aber der Schwung fehlt. Und der Mut. Ich getrau mich nicht, von neuem hineinzugehen in meine Geschichte. Der dicke Stoß von Blättern liegt auf meinem Tisch, kommt mir vor wie ein von irgendwem zugeschicktes Ding, das ich nicht zurückschicken darf. Seit Tagen regnet es, kein Gartenwetter – Schreibtischwetter wär's. Ich habe eine Geschichte geschrieben, und jetzt macht sie mir Angst. Selber schuld.

18. Juni 2016
Gestern in der Stadt hab ich es wieder mal gemerkt: Ich leide an der Gewohnheit zu verachten. Nein, ich leide nicht darunter, ich hab sie einfach, diese Gewohnheit, ich pflege sie gar. Aber sicher ist sie schlecht, und ich müsste sie loswerden. Gestern: Aufgebrezelte Dame mit zu fetten Schenkeln in hautenger Hose – Verachtung.

Gestern: Volltätowierter Arm eines lauten Mannes am Handy – Verachtung. Gestern: Mutter, die ihrem Kind mit wichtiger Stimme Vollmond / Neumond falsch erklärt – Verachtung. Warum kommt bei mir statt Verachtung nicht das erhabene Gefühl hoch: »Ach, wie reizvoll sind die vielen Facetten des Menschen«? Herr Pfarrer, wie ist das bei Ihnen? Haben Sie die Verachtung aus Ihrem Repertoire erfolgreich eliminiert? Mir gelingt es nicht, aber ich tröste mich damit, dass ich selber Objekt der Verachtung bin, die Alte mit den unpassenden Turnschuhen, der wirren Frisur und dem penetrant neugierigen Blick.

14. Juni 2016
Ich frage mich, was Majed jetzt macht. Der Knabe Majed, 13, wohnhaft in Aleppo. Der mit den kleinen Zwillingsbrüdern. Er war an der Arbeit in einer Schneiderei, als die Bomben fielen und sein Zuhause zerstörten. Er fand seine Mutter im Krankenhaus, sie war tot. »Ich erkannte sie an der Halskette«, sagte er. Mutter war in Stücke gerissen. Auch die Zwillingsbrüder waren tot. Majed klammerte sich an die Plane, unter der einer der toten kleinen Brüder lag, und schrie seinen Schmerz hinaus. Ein Fotograf hat die Verzweiflung in Majeds Gesicht festgefroren und das Bild um die Welt geschickt. Man getraut sich kaum hinzuschauen, so also sieht abgrundtiefer Schmerz aus. Seitdem sind knapp zwei Monate vergangen. Vielleicht ist Majeds Schwester unter den Trümmern noch gefunden worden. Immer noch fallen die Bomben. Von Majed liest man nichts mehr.

13. Juni 2016
Wenn ich das Kalb von Bauer Strittmatter überfahre,
sagt er mir genau, was es wert war: Aufzuchtskosten plus
Schlachtpreis. Er wird nicht verrechnen, dass er dem
Kalb nicht mehr den Kopf kraulen kann. Wenn ich einen
Menschen überfahre, wie wird dann sein Wert berechnet?
Zählt das Alter, die Ausbildung, das Einkommen, die
Nationalität, die Anzahl der Trauernden oder die Summe
des Verkaufswerts aller nutzbaren Organe? Wie wertet
man seine Freundlichkeit? Im alten Rom kostete ein
Sklave um einhundert nach Christus umgerechnet etwa
50'000 Euro. Heute kann man auf dem Schwarzmarkt
Kinder kaufen. Ich habe von einem Pakistanerchen
gelesen, das 800 Euro gekostet hat. Eigentlich wüssten
oder wissen es alle: Der Mensch ist zum Glück unbezahlbar. Sein Wert lässt sich nicht beziffern. Schön ist
der Satz des Befreiungstheologen Ernesto Cardenal
über menschlichen Besitz: »Der Wert eines Menschen
sollte nicht mehr danach gemessen werden, was er
anderen wegnimmt, sondern danach, was er anderen
gibt.«

4. Juni 2016
Weiß schon, Roboter sollten mich interessieren, von wegen
Zukunft der Enkel und Veränderung der Gesellschaft
und von wegen philosophischer Unterscheidung zwischen
Leben und Existenz. Trotzdem erlaube ich mir jeweils das
Überblättern entsprechender Zeitungsmeldungen. Aber
heute hat's mich gepackt: ein Weedmobil wird gebaut! Es
ist 600 Kilogramm schwer, navigiert von alleine übers Feld

und soll mit Hightech statt Chemie Unkraut zerstören: Sensoren scannen die Blattflächen der guten und bösen Pflanzen, Algorithmen erkennen, was wegmuss, geben Befehle an pneumatische Stempel, die sausen aus des Roboters Bauch und stampfen das Unkraut gezielt in die Erde. Fertig, aus. Und ich konnte letztes Jahr nicht mal die Blattflächen von Bohnen und Winden unterscheiden, ließ die Winden die Bohnenstangen hochklettern und freute mich an den wunderbaren weißen Blütentrichtern. Allerdings machten sie nur die Augen satt.

2. Juni 2016

Keine Ahnung, warum mir jetzt gerade das Auge einfällt. Das Hirn gibt ungefragt ab, was es will. Da, nimm, sagt es, dock an und denk. Also denke ich an das Auge. Es war rund, glänzte im Dunkeln, war umgeben von Blattwerk. Wem das Auge gehörte, sah ich nicht. »Quiet! Hippo!«, flüsterte der Guide und machte vor, wie wir geduckt vorbeischleichen sollten. Das war vor etwa zwanzig Jahren im Selous-Reservat in Tansania. Das wahrscheinlich verletzte Hippo hatte sich ins Gebüsch verkrochen. Hätten wir es gestört, hätte es uns angegriffen. Vielleicht lebt es noch, Hippos können dreißig bis vierzig Jahre alt werden. Vielleicht aber waren wir etwas vom Letzten, was das glänzende runde Auge wahrgenommen hat.

31. Mai 2016

Erst denk ich, das wird nichts. Ich schaue auf die leere braune Fläche wie auf ein leeres Papier, auf dem nichts wächst, kein Krümelchen Text, obwohl die Gedanken gesät sind. Vor zwei Wochen habe ich Bohnen in die Erde gesteckt, seit Tagen sehe ich gleich nach dem Aufstehen nach, aber da tut sich nichts. Nichts als Erde, braun, flach, leer. Und dann! Eines Morgens! Eine kleine Wölbung! Ein winziger gebeugter Rücken! Die erste sich aufrichtende Bohne! Ha! Dann! Eines zweiten Morgens! Die zweite, dritte, vierte Bohne! Ha! Und Hokus stehen sie aufrecht! Und Pokus haben sie Blättchen, zwei grüne Flügel! Alle erblicken sie das Licht meines Gartens! Und ich habe noch nie so viele Ausrufezeichen in einen Text gesetzt! Alle erblicken sie das Licht meines Computers!!!!!!!!!!!!!!!

30. Mai 2016
Eine kleine traurige Geschichte wär zu erzählen, aber wie nennt man die gusseiserne (?), jahresringartig gerillte Scheibe, aus deren Mitte der Lindenbaum an der Zürcher Bahnhofstrasse wächst? Wie auch immer. Auf der Scheibe kniet ein Mann, neben sich diverse Tüten und Schraubenzieher. Er versucht, mit einem Taschenmesser etwas zwischen den Rillen herauszupulen, erwischt aber nur Flusen und Kippen. Hat er etwas verloren? Nein, es sieht eher aus, als pule er verbissen nach unbekannten Schätzen. Kapuze, halbnackter blasser Hintern, schmutzige Hände, beringte Finger. »Suchen Sie Kleingeld?«, frage ich und lege ein Zweifrankenstück auf den Boden. Die Hand nimmt's, der Kopf hebt sich ganz kurz, ich sehe ein junges krankes Gesicht mit einem schiefen Mund. »Hab Mühe, Leute anzusprechen«, sagt der Mund, und schon ist der Kopf wieder unten. »Kann ich verstehen«, sage ich und

denke: Eine kleine traurige Geschichte wär zu erzählen, aber wie nennt man die Scheibe, aus deren Mitte …

15. Mai 2015
Eben habe ich das letzte Kapitel meines neuen Buches fertig geschrieben, habe aber beschlossen, dass es ein neues erstes Kapitel braucht, darum ist das letzte für mich nicht das letzte, sondern das erste. So was gibt es auch anderswo, heißt es doch, die letzten werden die ersten sein. Die erste Arbeit nach dem ersten Kapitel wird dann die letzte sein, nämlich vom ersten bis zum letzten Kapitel nochmals alles in Frage zu stellen. Und die letzte Arbeit wird sein, die letzten Fehler aufzuspüren, weil es das Letzte ist, dem Lektor ein ungejätetes Beet zu überlassen. Das alles braucht noch viel Zeit, derweil es erstens und letztens vor allem drauf ankommt, dass die Protagonisten nicht davonlaufen.

14. Mai 2015
Tragen Sie Sorge zu Ihrem Hirn – so etwas wird nie gesagt. Sorge zur Lunge, zum Herz, zum Magen, ja. Aber zum Hirn? Wäre eigentlich sinnvoll, zum Hirn Sorge zu tragen, nur – wie macht man das? Das lese ich zum Beispiel, dass Fettabsaugen in Deutschland durchschnittlich 3190 Euro kostet, was dem Marktpreis von zehn Tonnen Reis entspricht. Habe ich mit solcher Erkenntnis mein Gehirn schlecht gefüttert? Ist das Cheap Brain Food? Die Verdauung geht nicht ohne weitere Gedanken: Ich muss mir eine Tonne Reis vorstellen, habe aber bislang nur Kilosäcke gesehen. Ich muss mir ausmalen, wie Fettabsaugen klingt und wie das Fett aussieht. Ich muss mich erinnern,

dass die Künstlerin Teresa Margolles eine Wand mit sieben Kilo abgesaugtem Fett aus mexikanischen Schönheitsfarmen bestrichen hat. Ich muss mich fragen, ob ich mir Fett absaugen lassen würde, so zwei, drei Kilo. Und ich muss daran denken, endlich wieder Reis zu kaufen ... Ach, du mein armes Hirn.

13. Mai 2016
Zurzeit kommen sechs Männer in meine Deutschstunde für Asylsuchende. Der Albaner kann's schon gut, setzt einen Singular in den Plural oder einen Präsens-Text ins Perfekt. Und plötzlich haut ihm die deutsche Sprache wieder eins um die Ohren: Warum heißt es hier *der* Frau und nicht *die* Frau? Warum heißt es nicht *zum* Kirche wie *zum* Bahnhof? Während er sich mit dem Dativ auseinandersetzt, schreiben die fünf Sri Lanker von der Tafel ab. Für den jüngsten sind die lateinischen Buchstaben noch völlig ungewohnt. Er strengt sich sehr an, Zunge im Mundwinkel. *Ich komme, du kommst, er kommt.* Ich möchte die Schüler für die vielen Ausnahmen um Verzeihung bitten. *Ich bin, du bist, er ist.* Ich möchte lieber, es hieße, *ich seine, du seinst, er seint.* Kürzlich habe ich gelesen, dass an einer Wand im Bahnhof Schweinfurt stand: »Ich liebe dir und kann ohne dich nicht bin.« So etwas Schönes brächten die Schüler dieser Klasse nicht zustande. Wir müssen noch ganz viel üben.

12. Mai 2016
Gestern im Bus sah ich einem Jungen zu, der etwa sieben Jahre alt war und dessen Gesicht bereits zeigte, wie er

als Vierzigjähriger aussehen würde. Als Filialleiter oder Gemeinderat oder Steuerbeamter. Er trug einen Rucksack mit türkisfarbenen Trägern, saß sehr still und dachte. Der Sitz neben ihm war frei, es schien, dass er alleine reiste, niemand rief ihm zu: »Schau dort, ein Graureiher« oder »Wo hast du deine Mütze?«. Ich glaube, was er dachte, belustigte ihn nicht, es machte ihn eher leicht missmutig. Als sich eine Frau neben ihm niederließ und ihn mit ihrer großen Tasche etwas bedrängte, sah er noch missmutiger aus. Bei der nächsten Haltestelle stand er auf und ging mit raschen Schrittchen zum vordersten Sitzplatz, wo er freie Sicht und seine Ruh hatte und weiterdachte. So fuhr er in seine Zukunft. Er machte mich etwas traurig, weiß nicht, warum. Vielleicht weil er in seinem Leben bis zur Endstation noch so oft wird aus- und umsteigen müssen.

18. April 2016

Im April vor sechs Jahren hat sich der Vatikan dazu durchgerungen, den Limbus definitiv abzuschaffen. Bislang landeten ungetaufte Kinder auf ewig irgendwo zwischen Himmel und Hölle. Limbus hieß der Ort, was auf Lateinisch Saum oder Grenze bedeutet. Im Limbus wurden auch sämtliche guten Menschen gelagert, die vor Christi Geburt gelebt hatten. Ich frage mich – jetzt, wo der Limbus nicht mehr existiert –, ob die im Limbus Versorgten inzwischen ins Paradies verschoben worden sind. Ein umfangreicher Transport bei so vielen Seelen. Ein logistisches Kunststück für die Theologen in Rom. Da der Begriff Limbus jetzt nur noch in der Augenkunde eine kleine Rolle spielt – Übergang von Hornhaut in Lederhaut –, ist er wieder frei verfügbar und offeriert sich für eine neue Verwendung. Als Label für einen Drink? Als Name für das Land der Hoffnung?

16. April 2016

Vor einem halben Jahr, am 20. September, habe ich geschrieben, wir hätten einen jungen Holunder verpflanzt, weil er gartengestalterisch im Weg war. Wenn er sich bis im Frühjahr am neuen Ort nicht integriere, werde er definitiv ausgeschafft. Nun, das Holunderchen hat es geschafft! Hat sich durch den Winter gefroren, hat Knospen und Blättchen gemacht. Und schon zeigen sich die ersten Blütenstände. Ist ein kräftiger kleiner Baum geworden, und ich habe ein bisschen was über ihn gelesen. Es heißt, dass im Holunderbaum die guten Hausgeister wohnen, die Haus und Hausmensch beschützen. Deshalb solle man ihn stehen lassen. Machen wir gerne. Es heißt, die Jungfrau Maria habe auf der Flucht nach Ägypten unter einem Holunderbaum gesessen. Deshalb solle man beim Vorbeigehen jeweils den Hut ziehen. Das ist aber etwas aufwändig. Viermal jährlich grüßen, reicht das auch? Und dann heißt es noch, Judas Ischariot habe sich an einem Holunderbaum erhängt. Deshalb was? Empfehlung fehlt.

27. März 2016

Liebe Gentechniker, ich habe gelesen, dass Sie daran arbeiten, Schweine zu »editieren«, die als Organspender für Menschen taugen. Oder Malaria-Mücken gentechnisch zu sterilisieren. Bitte arbeiten Sie doch vorerst mal an einem Toleranz-Gen! Passend für jeden Menschentyp. The Selfish Gene haben wir ja schon, dazu brauchen wir allesamt dringend ein Gegenstück. Die Religionen haben in dieser Beziehung nichts gebracht. Der Mensch ist zurzeit ziemlich hilflos. Sie wissen schon: Krieg und Terror und so. Bitte beeilen Sie sich, liebe Gen-Technikerinnen. Ich erlebe Ihren Erfolg wohl nicht mehr. Aber ich stelle ihn mir so gerne vor: Das Ego-Gen schreit: »Leben!« Und noch lauter schreit das Toleranz-Gen: »Leben lassen!«

26. März 2016
Heute lag der Zeitung der Prospekt eines großen Lebensmittelverteilers bei. Er zeigte lauter glückliche Menschen, die in lauschigen Bergtälern und grünen Landen nach alten Rezepten glücklichen Food produzieren. Honig von fröhlichen Bienen, Joghurt von munteren Ziegen, Käse von freundlichen Schafen, Gewürze aus artigen Kräutern, Gebäck aus Gaben von Mutter Natur. Ich blätterte mit zunehmendem Interesse und Appetit, bis ich bei den Würsten las: »Hergestellt mit Herzblut.« Igitt.

5. März 2016
Ach, Herr Mankell, wie gut, dass Sie von dem mageren Applaus nichts erfahren, Sie sind ja schon tot. Ach, Herr Mankell, wie schade, dass Sie schon tot sind, Sie haben so ein feines Stück geschrieben, und jetzt schreiben Sie keines mehr. Ach, Herr Mankell, wie ärgerlich, dass das Publikum nicht länger und lauter klatschte, gestern,

im Societätstheater in Dresden, nach der perfekten
Inszenierung eines perfekten Stücks mit drei perfekten
Personen. Was hatten die Leute denn so Dringendes vor,
dass sie nicht noch drei oder vier Minuten sitzen bleiben
und applaudieren konnten – waren sie auf der Flucht?
Ach, Herr Mankell, wie lange haben Sie an »Lampedusa«
geschrieben, drei oder vier Monate? Oder Jahre? Und
wie lange wird es aktuell bleiben, Ihr »Lampedusa«, drei
oder vier Jahre? Oder Jahrzehnte?

4. März 2016
In so einem feinen Hotel bin ich noch nie gewesen.
Die Bettüberwürfe, dunkelblau mit einem rotgoldenen
Streifen, würden gut über die Balkonbrüstung der Queen
passen. Der Bademantel ist fast schwerer als ich. Wenn
ich die Kleiderschranktür aufmache, geht drinnen ein
Licht an. In der Ledermappe auf dem Tisch gibt es hotel-
eigenes Schreibpapier in drei verschiedenen Formaten. Im
Kühlschrank stehen 3.75-Deziliter-Flaschen Champagner,
Marke Taittinger, zu 49 Euro. Frühmorgens hängt
draußen an der Türklinke eine edle Tüte mit der frischen
Tageszeitung. Darin lese ich, dass zehn Kilometer
nordwärts wieder ein Asylantenheim abgebrannt ist, neue
Unterkünfte werden gesucht. In diesem Hotelzimmer
hätten sechs weitere Betten Platz. Vielleicht wär's ein
bisschen eng.

3. März 2016
In einer deutschen Bahn. Wie ein großes Bonbon aus
einem Papier schält die Mutter ihr kleines Mädchen

aus einem rosa Anzug, schaut aus, als wolle sie sich das süße Ding gleich in den Mund stecken. Das süße Ding benimmt sich unsüß, weil es dauernd mit dem Schuh gegen den Abfallcontainer kickt, das knallt unschön. Die Mutter hält den Schuh immer wieder mal fest, aber das Mädelchen schüttelt sich umgehend frei. »Jetzt fahren wir zur Oma.« »Oma«, sagt das Kind und kickt. »Erst kaufen wir Kuchen.« »Uchen«, sagt das Kind und kickt. »Du kannst mit Oma spielen.« »Ielen«, sagt das Kind und kickt. »Dann gibt's Würstchen.« »Üstchen«, sagt das Kind und kickt. »Dann machst du ein Mittagsschläfchen.« »Ischmachekainittagsschneefschen!«, sagt das Kind, und verwundert ob des langen Satzes aus seinem Mund vergisst es völlig, dass es wieder kicken und nerven müsste.

23. Februar 2016

Das Zapfenmysterium beschäftigt uns schon länger. Wer zum Teufel und wann und warum … Zwei bis drei neue Zapfen liegen täglich unter unserer großen Linde. Eben habe ich wieder einen ganzen Korb gefüllt. Es sind Zapfen von Fichten oder Tannen, so genau weiß ich das nicht, denn das Wesen, das sie herbringt, hat sie leicht zerzaust. Der Wald ist nicht weit, da gibt es Zapfenbäume, die Frage ist nur, warum wird ein Zapfen nicht gleich dort nach leckeren Samen abgesucht? Warum der weite Weg auf unsere Linde? Fliegend oder laufend muss das Zapfenwesen anreisen, das Picknick im Mund oder Schnabel, um dann das Speiseritual hier abzuhalten. Wir haben es nie gesehen. Am liebsten stelle ich mir ein Eichhorn vor: Es kommt mit zwei Zapfen, links und rechts unter den Arm geklemmt, und es geht, nachdem es uns kurz seine kleine Zunge herausgestreckt hat.

22. Februar 2016
Gar nichts los heute Morgen im Wald, außer den Lichtsprenkeln bewegt sich nichts. Kein Gezwitscher, kein Geflatter. Das Jahr ist noch im Winterschlaf. Aber dann, hört, hört. Dieser langgezogene, fast klagende Ton – was ist das? Und eine Sekunde später und drei Bäume weiter und ein klein bisschen tiefer derselbe Ton. Da unterhalten sich zwei: Herr und Herr Schwarzspecht. Ich höre zu und verstehe nichts. Klar ist nur: Es ist ein wichtiges Gespräch, es dauert und dauert. Zuhause lese ich im Vogelbuch. Der abfallende klagende Ton wird mit Klieeh oder Kliööh umschrieben. Meinetwegen. Didwii oder Günää würde auch hinhauen. Wie auch immer, es handelt sich um den sogenannten Anwesenheitsruf. Bei großer Erregung erfolgt er in Intervallen von wenigen Sekunden. Bin hier. Bin da. Bin hier. Bin da. Lustig wär, erregte Damen im Café Sprüngli an der Bahnhofstrasse würden solche Rufe abgeben. Klieeh. Kliööh.

20. Februar 2016
Beim Entsorgen von alten Zeitungsausschnitten finde ich ein Bild – publiziert am 23. Februar 2005 –, das ich noch immer nicht wegwerfen kann. Da kauert ein Mann, wohl ein Bauer, ist dreckig von Staub und Schutt, ein Erdbeben morgens um sechs hat sein Dorf zerstört: Hotkan im

Iran. Hinter dem Mann ist ein Haufen Steine, neben ihm ein Haufen von Tüchern. Man sieht, wie der Mann das Gesicht verzogen hat, fast könnte es sein, dass er leise lacht. Man schaut genauer hin und hört, dass er weint. Das Bild hat plötzlich Ton! Es ist kein lautes Schluchzen, es ist ein heftiges, stilles Weinen. Unter dem Haufen von Tüchern schaut ein lebloses weißes Kinderfüßchen hervor. Der Mann weint um sein Kind, sagt das Bild. Ich behalte es noch ein Weilchen.

18. Februar 2016
Hab ein Gedicht vergessen, weiß nur noch, dass es ein Degicht war, es muss ein Tedichg gewesen sein, denn es reimte, Gidecht auf Digecht, es waren acht Zeilen, mit undeutschen Wörtern dazwischen, etwa Chidegt und Chedigt, und am Schluss, das weiß ich noch, stand Tidechg. Wer schreibt denn so was, hab keine Ahnung mehr, mein Gedächtnis ist nicht mehr Sodicht.

16. Januar 2016
Mit dem großen und dem kleinen Enkel sitze ich am Tisch und höre zu, was sie am Nachmittag vorhaben. Der Kleine wird sich mit Freunden treffen. Wo? An der Hölderlinstraße. »Hölderlin war ein deutscher Dichter«, sage ich. »Das ist mir so was von egal!«, sagt der Große und freut sich auf mein entsetztes Gesicht, das ich auch sogleich mache. »In seinen letzten Jahrzehnten war er umnachtet«, sage ich. Auf weiteres Entsetzen hoffend, ruft der Kleine: »Das ist mir so was von noch egaler!« Sie hämmern lachend und rhythmisch auf den Tisch: »E-gal,

e-gal, e-gal, e-gal.« Man könnte dazu tanzen. Es war leider ein kurzes Vergnügen. Hieße die Straße Mörderlinstraße, hätten wir vielleicht länger darüber geredet.

15. Februar 2016

Wer mir nachfolgt, wird nicht in der Finsternis bleiben, sondern wird das Licht des Lebens haben. Das ist ein Bibelvers: Johannes, Kapitel 8, Vers 12. Abgekürzt: JN8:12. Solche abgekürzten Bibelverse graviert die US-Firma Trijicon auf ihren Produkten ein. Sie produziert Zielfernrohre für Schusswaffen. Zumindest habe ich das gelesen. Aber man muss ja nicht alles gleich glauben. Also öffne ich die Internetseite der frommen Firma. Da steht: »Yes, Trijicon places a small biblical reference on the products we sell. It is a tradition started by our founder and we continue it as a reflection of our company values. Although Trijicon has now offered to remove these references for military issued products, we will continue to inscribe our consumer products with biblical references.« In Syrien oder Afghanistan wird man also nicht mehr christlich schießen können. Aber einem kleinen, von Jesus gesegneten Amoklauf in der Heimat steht weiterhin nichts im Wege.

5. Februar 2016

Kürzlich hat uns ein Freund eingeladen. Dass er krank war, wussten wir. Wie krank, das wussten wir, als wir ihn sahen. Abgemagert, eingefallen, nur noch die Hälfte von einst. Seine Tochter machte ein Feuer im Kamin, brachte Gebäck und einen wunderbaren alten Wein aus dem Keller, dann ließ sie uns allein. Nach ein bisschen Geplauder kam unser Freund zur Sache. Sein Arzt habe gestern erklärt, da sei nichts mehr zu machen. Ein paar Monate noch. Jetzt warte er einfach, sagte unser Freund. Es sei ein seltsamer Zustand. Aber weh tue nichts. Wir stießen an, »Auf dich«, sagten wir. Sollten doch noch wilde Schmerzen kommen, sagte unser Freund, dann werde er die Sterbehilfe rufen, das sei so organisiert. Er schnupperte am Glas mit dem wunderbaren Wein und sagte: »Ich hoffe bloß, dass der letzte Trank nicht Zapfen hat.« Wir werden seine Späße vermissen. Die letzte Umarmung dann, die war deutlich die letzte.

31. Januar 2015
Habe mich durch die TV-Sender gezappt und bin hängen geblieben in einem Interview mit einer jungen, netten, tätowierten Dicken. Sie werde jetzt dann gleich auftreten und singen, sagte sie und freute sich rasend. Und tatsächlich, gleich danach stand sie auf einer Bühne, lachte die vier begutachtenden Personen an und freute sich immer noch rasend. »Deutschland sucht den Superstar« hieß die Sendung, in der die junge, tätowierte, dicke Nette zu tanzen anfing, ihre rund hundertzwanzig Kilos im geblümten Kleid verführerisch schwenkte und dazu irgendwie sang. Bitte nicht, dachte ich, aber die begutachtenden Personen, alle gestylt, blondiert und sonstwie getrimmt, verbargen ihre Häme und bedankten sich freundlich bei der jungen, netten, dicken Tätowierten, bevor sie sie hinter die Kulissen entließen, wo sie sich bestimmt wieder rasend freute. Ich zappte weiter

und fragte mich, ob es schon immer Menschen gab, die sich gern hemmungslos produzierten, und wie das dann wohl aussah, zum Beispiel bei den Pfahlbauern ...

25. Januar 2016
Ich habe ein Gespräch belauscht. »Er ist ein Schwein«, sagte die junge Frau in ihr Handy. Sie war vielleicht zwanzig, blass und hübsch. »Das kann er doch nicht machen.« Ich sah nur ihr Profil, aber wir standen ganz nah beieinander, nur getrennt durch die Fahrplantafel. »Der ist so gestört.«. Ich konnte schamlos zuhören, sie merkte nicht, dass ich direkt neben ihr stand. »Zweimal.« Der Neuner kam. »Er riecht auch komisch.« Der Neuner fuhr wieder ab. »Was weiß ich. Komisch einfach.« Noch ein Neuner kam. »Wehe, der versucht es noch mal.« Der Neuner fuhr weg. Erst meinte ich, die junge Frau fange zu weinen an, aber es wurde ein Lachen draus. »Unten am Kinn, so was Rotes.« Jetzt kam der Achter. Sie stieg telefonierend ein. Von hinten war sie auch hübsch. Ich musste auf den Fünfer warten. Ich hätte gerne gewusst, was das Schwein zweimal gemacht hat.

22. Januar 2016
Gestern war ein altes Foto in meiner Mail – 50er Jahre – mit der Frage, ob ich noch wüsste, wer da drauf sei. Ja, so langsam wachsen sie mir aus dem Bild entgegen, Lehrpersonen vor dem Schulhausportal. Die meisten von ihnen sind vermutlich schon lange tot. Mathelehrer R. mit den schönen Händen, der mich gnädig schonte. Deutschlehrer J. mit dem überheblichen Gehabe, den ich

beeindrucken wollte. Botaniklehrer W. mit der Aura von Langeweile, der gerne Tango tanzte. Religionslehrer G. mit den großen Ohren, der Osterhase genannt wurde und als Denker galt. Lateinlehrerin H., elegant und unnahbar, die ausrastete, als jemand gähnte. Sie haben mir alle etwas beigebracht. Ich zweifle, ob es das Richtige war. Sie mussten, ich musste. Es waren Muss-Zeiten.

21. Januar 2016
Mohamed zieht ein Handy aus der Hosentasche. »The boat« will er mir zeigen. Er ist sechzehn, seit ein paar Monaten in der Schweiz und gehört zu den elf Somaliern, denen ich versuche Deutsch beizubringen. Da: ein wackliger Film, ein Gummiboot in den Wellen, schwankend. Die Menschenladung kreischt. Etwa neunzig waren sie, von Libyen aus Richtung Sizilien, eine Frau war schwanger. »Jetzt Kind.« Ein italienisches Schiff hat sie alle an Bord genommen. Von dessen Reling aus hat Mohamed später noch ein anderes Gummiboot gefilmt, so eines wie seines, mit ebenso vielen Menschen. Man sieht, wie es kentert. Die grauen Punkte im Wasser sind Menschen. Sie gehen unter. »Alles tot«, sagt Mohamed. Und jetzt muss er ein Diktat schreiben: »Mein Freund hat ein rotes Auto. Er lebt in Zürich. Wir spielen gerne Fußball…« Ball mit zwei L, Mohamed!

17. Januar 2016
Ich habe ein Geschenk bekommen: das Urner Mundartwörterbuch. Nicht weil ich es bräuchte, sondern zum reinen Vergnügen. Ich picke ein Wort heraus, lasse es

auf der Zunge zergehen und versuche zu bestimmen, was
es ist. Es ist mir nicht gelungen bei äitüä (gleichgültig),
bäintlä (trippeln), blääschtä (Darmwinde entweichen
lassen), Blügghäit (Schüchternheit), Buuseretä (Ärger,)
Xämpäli (Anekdote). Aber Folgendes hab ich richtig
erraten: Fuchtetä, Gjütz, Ggräikts, Hiänderhüt,
Fitlätassä und häiwälä. Was für eine leckere Sprache.
Und eben merke ich, dass bäintlä eventuell von Bein
kommt und Xämpäli von Exempel. Wer weiß, mittishi
(vielleicht).

16. Januar 2016
Der kreisrunde blasse Mond oder die rote Sonnenscheibe
nach dem Auf- und vor dem Untergehen, wie schön ist
das. Ich bleibe kurz stehen, schaue, verspüre jedes Mal neu
das altbekannte Ah! Seltsamerweise mag ich die runden
Dinger auf Fotos nicht mehr. Auch nicht auf Gemälden,
Klee hin, Rousseau her. Ich decke sie mit dem Finger ab.
Sie kommen mir vor wie Verlegenheitsdekoration, wie
Lückenfüller, wie überflüssige Adjektive oder unnötige
Petersilie. Vielleicht braucht es Mut, mit leeren Himmeln
und fettarmen Sätzen daherzukommen: Da schau, da lies,
brauchst mich nicht erst abzuschminken, bin es schon.
Vielleicht magst du mich so.

26. Dezember 2015
In der Geschichte, an der ich gerade arbeite, verfasst ein
junger Mann während eines Gleitschirmflugs die In-
schrift für seinen Grabstein: *Hier ruht L. L., der an dieser
Stelle vom Himmel fiel. Sein Sturz dauerte 20 Jahre und*

279 Tage. Ich habe mir heute Nacht überlegt, was ich auf meinen Grabstein schriebe, den ich nicht haben werde, weil ich – schönes Beispiel für Futur II – keinen gewollt haben werde:
Vorbei
der Ausflug in die Existenz.
Das Ich wird Es
und löst sich auf ins Ungesagte.
Der Stein rosa, leicht marmoriert, im Schatten eines Baums, Ulme oder so. Ein gut gestylter Abgang – oder nicht?

24. Dezember 2015
Die Kassierin sagt seit Tagen: »Schöne Festtage«. So etwa hundert Mal pro Stunde. Im Januar muss sie sich das wieder abgewöhnen, muss die eingefressene Formel abspecken. Sonst würde sie der Kunde fassungslos anschauen. In Somalia sind Weihnachtsfeiern verboten. Vor zwei Tagen hat der Generaldirektor des Ministeriums für religiöse Angelegenheiten das Verbot ausgesprochen. Sicherheitskräfte sind angewiesen, alle Feiern aufzulösen. Diese widersprächen der islamischen Kultur und könnten zu islamistischen Anschlägen provozieren. Ich würde die Kassierin und den somalischen Herrn Generaldirektor gern miteinander zum Weihnachtsessen einladen. Die Kassierin bräuchte kein einziges Mal »Schöne Festtage« zu sagen, und der Generaldirektor bräuchte keinen einzigen Schluck Wein zu trinken. Und sie bräuchten nicht mal zu reden, weil sie sich nicht verstünden. Es wäre so richtig stille Nacht.

21. Dezember 2015
Die Katz sagt, was soll das. Wozu aufstehen, jetzt, wo wir beide so schwer und warm sind? Ist ja noch nicht mal hell. Hör endlich auf mit dem Gestrampel und lieg ruhig. Hör, wie ich schnurre. Kannst du nicht, was? Wenn ich schnurre, ziehe ich meine Seele auf, und danach läuft sie wieder wie geschmiert. Bleib. Sei doch nicht so ungemütlich. Immer diese Angst, Zeit zu verlieren. Ich sag dir was: Ganz ohne Zeit lebt es sich besser. Brauchst auch die Zeitung nicht, die du jetzt dann gleich aus dem Briefkasten holst. Kannst nicht anders, ich weiß es ja. Kein Morgen ohne dieses Papier auf dem Tisch und ohne diese Tasse mit brauner Brühe. Ach, Mensch.

18. Dezember 2015
Ich habe mich darauf gefreut, den hochgelobten neuen Ralf Rothmann zu lesen: *Im Frühling sterben*. Schon einige Male hat er mich beeindruckt, der Könner. Ich lese, und ich wundere mich: Es kommt mir vor, als könne ich ihm diesmal nicht alles glauben. Da späht Walter nachts in eine Kammer, hat nur eine schwache Lampe mit blakender Flamme – *und das sichtbare Pochen ihrer Halsader und das tiefe Schwarz der Achselhaare nahmen ihm momentlang den Atem.* Hat Walter das Pochen wirklich gesehen? Oder da steht Walter des Morgens neben seinen von einem Jagdbomber zerfetzten Kameraden und blickt in die Ebene hinunter, *wo Rauch aus den Schornsteinen der Bauernkaten stieg und Fische aus den Teichen ins Frührot sprangen.* Sah Walter die Fische wirklich springen? Zu

stark geschminkt kommt mir das Buch plötzlich vor. Aber ich werde es zu Ende lesen. Jetzt erst recht.

17. Dezember 2015
Ein Freund hat uns eine Broschüre zugeschickt, in der er das Leben seiner Urgroßmutter beschreibt, samt angefügter Ahnentafel. Erst denke ich, was geht mich das an. Dann lese ich mich mit wachsender Neugier in das fremde Schicksal hinein. Faszinierend ist es allemal, was jemand aus der Tatsache seiner Existenz gemacht hat. Manche Romanautoren wären arbeitslos, wenn ihnen solche Stoffe fehlten. Und doch, eigentlich nervt mich die Vorzeigerei der Vorfahren. Hier ein Missionar, da ein Hugenotte, dort eine Gouvernante … Was soll ich mit Stammbäumen? Lieber schaue ich mir lebendige Gesichter an, hier und jetzt. Ein Windchen hat uns hergeweht – da sind wir nun –, und ein Windchen wird uns wegwehen, auch wenn wir uns an eine Ahnentafel klammern.

13. Dezember 2015
Ich habe den großen Kohlkopf im Garten fotografiert. Weiß auch, warum. Weil er so schön ist, der kräftige Kerl, der letzte Zeuge des Sommers. Aber weiß nicht, wozu. Kann ihn zu nichts verwenden, nicht als Neujahrskarte, nicht als Desktophintergrund, will ihn weder aufhängen noch in ein Album kleben, will auch nicht den ganzen Winter an ihn denken. Warum zum Teufel wollte ich den Kohlkerl dann festhalten? Habe ich einmal mehr Vergänglichkeit gewittert, bin dem Oh-wie-schön-und-das-geht-vorbei-wie-alles-irgendwann-Gefühl erlegen? Es

hat eine Prise Kitsch in diesem Gefühl und zwei Handvoll Wahrheit. Und seinetwegen hab ich jetzt die Kamera voller Kohl. Am besten ist, ich hau den Kohl jetzt um und koche Suppe daraus. Mit einer Prise Türkenpfeffer und zwei Handvoll Reis.

6. Dezember 2015
Zahlen geben zu denken, das merkte ich schon in der fünften Klasse. Da mussten beim Kopfrechnen alle aufstehen, Fräulein Brun gab die Rechnung bekannt, und wer zuerst die Lösung wusste, durfte sich setzen. Zum Schluss standen noch drei oder vier Schülerinnen da, sie rechneten falsch und falsch und nochmals falsch und mussten ewig stehen bleiben. Ich hasste diese Rechenstunden, ich dachte: Die Welt oder das Leben oder was auch immer ist ungerecht, da geht etwas nicht auf. Ach, Fräulein Brun, es ist immer noch so. 1 Milliarde Menschen hungern. 1.5 Milliarden Menschen sind übergewichtig. Rechne. Wer zuerst die Lösung weiß, darf sich setzen.

2. Dezember 2015
Kürzlich war für vier Tage die alte Emma bei uns zu Besuch. Die Nächte verbrachte sie zuhause. Wir holten sie morgens ab, was sie freute, und wir begleiteten sie abends bis zu ihrer Haustür, was sie ebenso freute. Emma erwies sich als ausgesprochen netter Gast, aß mit Vergnügen, war nicht laut, sprach nicht schlecht über andere und akzeptierte gerne unser Sofa für ein Schläfchen. Täglich machten wir zusammen ein, zwei Spaziergänge, Emma ist gut zu Fuß, und sie liebt den Wald wie wir. Obwohl

wir unser Bestes gaben, Emma den Aufenthalt in unserem Haus so angenehm wie möglich zu machen, verschwand sie jeweils am Nachmittag in den Garten und wollte nichts mehr von uns wissen. Sie lag eng zusammengerollt ganz dicht am Gartentörchen, da wo man durchs Gitter hindurch den Weg zu ihrem Haus sehen kann. So furchtbares Heimweh hatte sie, die arme Hundefrau.

1. Dezember 2015

Zum dritten Mal ist in Israel die Miss Holocaust gewählt worden: die 83-jährige Rita B. Sie ist von den Holocaust-Überlebenden die bestaussehende. Für eine Mister-Wahl World War I ist es zu spät. Wer 1918 aus der Kriegshölle heimgekehrt ist, hat sich längst in den Himmel aufgemacht. Für eine Miss Fukushima ist es hingegen noch zu früh; ob sie wirklich überlebt, muss noch abgewartet werden. Schlechte Späße. Man kann sich fragen, ob eine Wahl zur Miss Holocaust ein Missgriff ist. Es gibt Leute, die finden das geschmacklos. Aber was, bitte sehr, kann denn in diesem Zusammenhang geschmackvoll sein? Wichtig ist doch einzig, dass der Geschmack jener unsäglichen Grausamkeiten in unseren Gaumen nicht vergessen geht, dass er uns wieder und wieder aufstößt. Damit uns bewusst bleibt, wozu wir fähig sind.

26. November 2015

Leuchtende Seniorenaugen. Das steht so im Quartierblatt. Es geht um kleine Weihnachtsgeschenke, die alte Augen zum Leuchten bringen sollen. Ich hab ein bisschen was gegen die Behauptung, Augen würden bei Freuden irgendwelcher Art leuchten oder strahlen. Jemand, der sich freut, zeigt es, wenn schon, mit dem ganzen Gesicht. Ich kann mir das gerade bei einem alten Menschen sehr schön vorstellen: unzählige kleine Fältchen geraten in Bewegung. Aber dass die leicht gelblichen oder rot entzündeten Seniorenaugen nun plötzlich anders werden, glaube ich nicht. Auch die vielzitierten vor Freude glänzenden Kinderaugen stören mich ein bisschen. Kinderaugen, diese wunderbar frischen Sehfensterchen, glänzen nämlich immer. Wenn's ums Beschreiben von Emotion und Auge geht, muss man wohl besser aufs Klischee verzichten und somit auch auf glühende Augen von Wölfen in sibirischen Wäldern.

22. November 2015
Heute Morgen lese ich in der Zeitung vom Büpf. Ein hübsches Wort, macht mich grad ein bisschen fröhlich. Ich weiß bloß nicht, was es ist. Ich fange nochmals von vorne an mit dem Lesen des Artikels, und da kommt es zum Vorschein, das Büpf: das Bundesgesetz betreffend die Überwachung des Post- und Fernmeldeverkehrs. Das Büpf soll so revidiert werden, dass den Behörden der Zugriff auf Server erlaubt wird, um beispielsweise die SMS-Kommunikation der IS-Terroristen abzufangen. Hinter dem harmlosen kleinen Büpf tut sich also eine grausame Szene auf – Irrsinn, Blut und Horror. Gerne schweife ich ab: Meine Freundin Monika und ich haben seinerzeit im Kinderheim eine Abkürzung erfunden für den Gestank, der aus dem Abflussloch des Lavabos kam:

Zwipf. Zwiebel war dabei, den Rest habe ich vergessen.
Harmloses aus Kinderzeiten. War die Welt damals besser?

20. November 2015
Kürzlich sagte Tomi Ungerer auf einer Veranstaltung
zu seinen Ehren so ungefähr: Hoffnungslosigkeit sei für
die Schaffenskraft des Künstlers wichtig, und es wäre
furchtbar, wenn ein Psychiater dem Künstler die Hoffnungslosigkeit wegtherapierte. Wenn ich mich in der Welt
umsehe und umhöre und vor allem umlese, wird mir eine
perfekte Hoffnungslosigkeit angeboten, jedoch kann ich
sie mir nicht leisten, jetzt nicht und in Zukunft nicht. Das
liegt daran, dass ich zwei Kinder und drei Enkel habe,
die auf eine Zukunft voller Hoffnung angewiesen sind.
Zudem war ich im letzten Jahrhundert Hoffnungsma-
cherin in einer Jugendzeitschrift, achtzehn Jahre lang. Das
möchte ich nicht verleugnen. Darum muss ich auf den
Luxus der Hoffnungslosigkeit verzichten, verstehst du,
Tomi Ungerer?

15. November 2015
Die Erkenntnis Ursache-Wirkung kommt oft umgehend,
zum Beispiel bei einer Ohrfeige, und oft braucht sie
etwas länger. Etwa beim Geruch von Frittenbuden – wer
denkt da gleich an Kolumbus mit Kartoffel. Oder beim
Betrachten des Sternenhimmels – wer denkt da gleich
an den Urknall. Als der chinesische Staatschef Deng
Xiaoping 1979 die Ein-Kind-Politik durchsetzte, dachte
er wohl kaum, dass seinetwegen irgendwann die Aktien
des Kondomfabrikanten Okamoto um zehn Prozent

fallen würden. Seit Oktober 2015 ist die Ein-Kind-Politik offiziell aufgehoben, und der Kondom-Boom ist darum vorbei, und Fazit ist: Von einer Wirkung führt immer irgendein Trampelpfad zu einer Ursache.

14. November 2015
Zwei Japanerinnen heulen beim Selfie-Machen auf, ihr Handy ist ins Wasser gefallen, es ist Freitag der Dreizehnte. So fängt meine Notiz an über den gestrigen Ausflug nach Luzern, aber weiterschreiben geht nicht, weil ich im Internet gerade gesehen habe, was gestern in Paris geschah, Bilder des Horrors. Angenommen, ich wäre nicht einfach sprachlos, sondern es kämen Sätze aus mir heraus: Sie wären alle falsch. Weil unpassend. Weil überflüssig. Weil anmaßend. Weil unbedacht. Zuerst gilt es, die Gedanken zu ordnen und sich langsam an die längst fällige Frage heranzutasten: Wie haben wir den Hass ausgelöst, der uns nun schlägt?

12. November 2015
Mein Enkel schreibt eine Schularbeit über Luxus und will wissen, was für mich als Kind ein Luxus war. Ich hätte ihm gerne eine eindeutige Antwort gegeben, wie etwa Vanille-Eis mit heißer Schokoladensauce und Papierschirmchen, aber ich fand nichts, was mich damals vor Glück umgehauen hätte. Luxus war für mich eher, was andere hatten und wir nicht, zum Beispiel ein Auto. Herr Schmid, weiter oben an der Straße, hatte eins. So richtig nahm ich es zur Kenntnis, als ich es langsam die Straße herabrollen sah, wie es auf meinen kleinen Hund zufuhr und ihn überrollte. Der Hund war gleich tot.

Er war das Liebste gewesen, was ich hatte, und ich weinte nächte- und wochenlang.

11. November 2015
Laub rechen ist eine höchst befriedigende Beschäftigung. Auch wenn zum Schluss ein paar Windchen den Laubhaufen wieder auseinanderzupfen und die Blätter erneut wirbeln und fallen, hat sich das Rechen gelohnt. Denn mit dem regelmäßigen Ausstrecken und Einholen des Rechens sammelt man nicht bloß Blätter, sondern ebenso Gedanken, und aufgetürmte Gedanken führen meist irgendwo hin: zu einem Entschluss oder einer Erkenntnis oder einer Idee. Am besten beeilt man sich mit dem Umsetzen dieses Laubrechengeschenks, denn in den kahlen Bäumen lauern und kauern bereits allerlei Knospen und inszenieren den nächsten Laubüberfall.

23. Oktober 2015
Nachrichten: Krieg, Terror, Korruption, Mafia, Rechtsrutsch … Schlacht- und Schlagzeilen. Warum berührt mich ausgerechnet der kleine Bericht mit der Überschrift »Polizei sucht nach vermisstem Bub«? 13 Jahre alt ist er und lebt in einem Heim in Meiringen: Matteo. Fragend schaut er aus einem Foto, wohl aufgenommen auf einer Wanderung, verschwitztes blondes Haar, rundum Bergwiese. Hat weiche, pummelige Hände. Und nun ist er plötzlich verschwunden, vielleicht sei er auf dem Weg zu seinen Eltern, heißt es, durch gefährliches Karstgebirge, Hundeführer und Helikopter seien im Einsatz. Bluejeans, schwarzes Shirt, hellblaue Crocs. Was machst du bloß,

Matteo? Warum bist du abgehauen? Eine Woche später
erneute Meldung: Matteo leblos aufgefunden in der
Umgebung von Meiringen. Er ist nicht weit gekommen,
auf seiner Flucht nicht und in seinem Leben nicht.

21. Oktober 2015
Völkerwanderungen lassen sich nicht aufhalten, auch
nicht die jetzige. Darum macht es keinen Sinn, den
Wandernden unfreundlich zu begegnen. Lieber bitte
recht freundlich, aber wie und wo? Mein Angebot,
Asylsuchenden Deutsch beizubringen, wird umgehend
angenommen, und so stehe ich nun vor elf Somaliern,
jungen Männern, die vor ein paar Wochen in die Schweiz
gekommen sind, auf abenteuerlichen Wegen. Erwartungs-
voll schauen sie mich an. Ich zeige auf mich, sage »Angelika« und schreibe meinen Namen auf den Flipchart.
Dann bitte ich den Ersten in der Tischrunde nach vorne,
und er kapiert sofort, dass er seinen Namen hinschreiben
soll. »Maxamed«. Bald stehen alle Namen untereinander
auf dem Flipchart: Maxamed, Nureddin, Mahamoud,
Hassan …, nummeriert von 1 bis 11. Als ich die Zahlen
auf Somalisch aus dem Wörterbuch vorlese, klatschen
die jungen Männer. Weil ich annehme, dass Klatschen in
Somalia dasselbe bedeutet wie in der Schweiz, freue ich
mich. Danke! Mahadsanid!

19. Oktober 2015
Da wurde also erst meine linke Brust in die Maschine
gelegt und festgequetscht, dann die rechte. Das war
ungefähr so, wie wenn man zu dicke Stücke Brot in den

Toaster zwängt, ins linke und ins rechte Fach. Stillhalten. Fertig. Das war die Mammographie. Danach wurde erst meine rechte Brust mit einem Klarschleim gründlich eingestrichen, dann die linke. Das war ungefähr so, wie wenn man zwei Bratenstücke mit einer fetten Marinade bepinselt. Stillhalten. Fertig. Das war der Ultraschall. Der Chefkoch und seine Assistentin zeigten sich zufrieden, und ich wurde aus der peinlich sauberen keimfreien Cuisine de Santé wieder in die lotterige Außenwelt entlassen.

18. Oktober 2015
In der Pause bin ich gegangen. Das macht man nicht, ich weiß. Ich hätte mitklatschen müssen zum Schluss, hätte beitragen müssen zum bestimmt großen verdienten Applaus. Aber das Stück war eine Oper. Und die Oper war eine moderne Oper. Und ich war eine Banausin. Und die Banausin war eine alte Banausin. Sie fragte sich: Muss ich mir anhören, was mir nicht gefällt? Und sie antwortete: Nein, geh nur. Du hast in deinen alten Tagen die volle Entscheidungsfreiheit. Geh nur heim und hör dir den Musikantenstadl an. Also ging ich schlechten Gewissens nach Hause. Ich mag weder die moderne Oper noch den Musikantenstadl. Weder rohe Austern noch eine Schweinsbratwurst – um einen kulinarischen Vergleich zu ziehen. Müsste ich unbedingt wählen, dann halt eine Auster, die rutscht etwas schneller.

17. Oktober 2015
Ich habe die Briefe an A gelöscht, obwohl sie gar nicht brannten. Sie glühten nur leicht, und ich hielt die Glut in

Gang, indem ich seit rund einem halben Jahr jede Woche einen neuen Brief dazulegte. Dass das stete Glühen erhalten blieb, war mir wichtig. Und jetzt ist alles aus, total gelöscht. Ich habe lange versucht, den Text wieder zu entfachen, zwei Stunden oder so habe ich mich abgemüht, vergeblich, der Computer stand nach meiner Löscherei sozusagen unter Wasser. Wie konnte ich nur so blöd sein. Es wäre schön gewesen, A die gesammelten Briefe irgendwann zu übergeben, als Erinnerung an die Zeit und die Welt, wie er und ich sie erfuhren. Inzwischen habe ich mich entärgert. Es ist ja so, dass ohnehin alle Erinnerung schwindet, wenn das zu Erinnernde mal nicht mehr da ist. Gelöscht wird irgendwann so oder so. Also was soll's.

16. Oktober 2015
Von meinem Tisch aus sehe ich durchs Fenster, wie der Herbst daherkommt. Ich würde seinen Auftritt gerne beschreiben, seine sanft schwingenden Gewänder in Gold und Rosa, aber es gelingt mir nicht, weil mir Formulierungen durch den Kopf wirbeln, die nicht meine sind. Dies ist ein Herbsttag, wie ich keinen sah. Herr: es ist Zeit. Der Sommer war sehr groß. Mit gelben Birnen hänget und voll mit wilden Rosen. Verflossen ist das Gold der Tage. Hebbel. Rilke. Hölderlin. Trakl. Ja, was soll ich da noch? Der Herbst ist prominent belegt. Früher gab es das Schulaufsatz-Thema: Der Maler Herbst steht vor der Tür. Das geht auch nicht mehr. Denn den Maler Herbst hat es tatsächlich gegeben, Vorname Adolf, 1909–1983. Und einem Gespenst will man ja nicht die Tür aufmachen.

15. Oktober 2015

»Hast du was Gutes gelesen?«, werde ich oft gefragt. Ja, hab ich. In dem großen Textschwall, den ich regelmäßig durchs Gehirn spüle, muss ja wohl was Gutes dabei sein. Aber wenn ein netter Mensch von mir einen Buchtipp will, bin ich meist hilflos. Ich denke: Das ist zu traurig für seine wacklige Seele. Oder: So viel Schmalz kann er nicht verdauen. Oder: Solche Stille erträgt er nicht. Oder: Ihm fehlt das Gehör für Bosheit. Es reut mich, Wallace Stegner oder Julian Barnes oder Gerbrand Bakker oder Per Petterson zu empfehlen, denn ich möchte nicht, dass jemand deren Bücher enttäuscht aus der Hand legt. Soll der nette Mensch doch selber sehen, wie er sich lesend befriedigt. Ist nicht meine Sache. Na ja, es gibt schon Namen, die ich unbeschwert weitergebe: Tschechow, Maupassant, Mansfield, Maugham – die alten Könner, ganz einfach gut wie Brot.

12. Oktober 2015

In Milano fuhren wir im Touristenbus, saßen oben, an der Frischluft, und via Kopfhörer hörten wir uns an, was anzusehen sich lohnen würde. Etwa die Kapelle von San Bernardino alle Ossa, wo die ganzen Wände mit Schädeln und Knochen tapeziert sind, von Hingerichteten, Pestopfern und sonstwie Toten. Oder den Megastore des Modezars San Giorgio Armani. Zwischen den Ansagen schepperten Musikstücke aus dem Lautsprecher, immer die drei gleichen; eines der Stücke holte prompt traurige Erinnerungen in mir hoch, also schossen mir jeweils die Tränen in die Augen, aber bevor sie flossen, hörte die

schepprige Musik auf und eine neue Ansage lief, zum
Beispiel zur Stazione Centrale, 1912 projektiert und unter
Mussolini monumental vollendet. Im Nachhinein habe
ich gelesen, dass von Gleis 21 die Juden in die Konzen-
trationslager transportiert wurden. Schön waren die
Fluchten hoher dunkler Alleebäume, graustämmig mit
kleinen grünen Früchten. Hätte gern gewusst, wie sie
heißen.

4. Oktober 2015
Glück – gibt es das? Falsch gefragt. Nochmals: Gibt es
Glück, das länger dauert als einen einzigen Moment?
Und: gibt es Glück, das nicht nur ich-bezogen ist?
Wohl kaum. Ich kann ja nicht glücklich sein, wenn ich
gleichzeitig an andere denken muss, die nicht glücklich
sind. Und die fallen mir im zweiten und dritten und
vierten Moment ein. Ich meine nicht die Kinder, die
in Goldminen schuften. Nicht die Flüchtlinge, die sich
verstecken müssen. Nicht die Häftlinge in Todeszellen ...
Nein, nein, die verdränge ich, bevor sie mir einfallen.
Ich denke an die Allernächsten, an solche, die ich kenne
und liebe. Wenn es ihnen schlecht geht, kann mein Glück
nur eine Sekunde dauern. Am glückverhinderndsten ist
das Gefühl, jemand Unglücklichen auf die Welt gestellt
zu haben.

28. September 2015
Heute Morgen zwischen vier und fünf Uhr färbte der
Erdschatten den Mond dunkelrot ein. Schön sah er aus,
groß und seltsam nah trotz seiner Ferne. Vom »Blutmond«

schreiben die Zeitungen. Was für ein Wort. Zu den expressionistischen Dichtern hätte es gepasst, zu Trakl, zu Loerke. Ei, wie haben sie mir gefallen, als ich zwanzig war, ihre Altäre aus Worten, auf denen sie Lust und Furcht zelebrieren. Schwere Sprachkelche, gefüllt mit Weh. Ulmen heißen nicht Ulmen, sondern Rüster, und wenn es für ein gewöhnliches Wort keinen geeigneten Ersatz gibt, wird es in blaue Schleier gewickelt oder in Scharlachglanz getunkt. Blutmond, was für ein wunderbares Wort. Zum Reimen allerdings schlecht geeignet.

20. September 2015

Der junge rote Holunder durfte an seinem Geburtsort nicht bleiben, er war der Gartengestaltung im Weg und sollte umgepflanzt werden. Seinen alten Platz verdankte er wohl einem Vogel, der da ein bisschen Holunderbeerenkacke hatte fallen lassen. Ungestört wuchs er auf, wurde zwei Meter hoch. Dann kam ein Spaten, stach rund um die Holunderfüße tief in die Erde, Menschenhände rissen am Stamm und holten die Füße ans Licht. Von der großen Pfahlwurzel fehlte ein Stück. Jetzt steht das Bäumchen an anderer Stelle und soll sich akklimatisieren, integrieren, mit der neuen Erde vertraut machen und die Sprache der benachbarten Sträucher verstehen lernen – soll all das tun, was man von Fremdlingen in neuem Territorium erwartet. Und bitte subito. Wasser ist zwar zugesichert. Wenn das Holunderchen aber die Blätter hängen oder gar fallen lässt, hat es bei der Umsiedlungsbehörde schlechte Chancen. Dann heißt es definitiv: raus.

18. September 2015
Drei neue Raumfahrer sind auf der Internationalen
Raumstation ISS angekommen. Der Flug dauerte 48
Stunden, länger als früher, denn die Station musste
sich vor kurzem wegen Weltraummülls auf eine höhere
Umlaufbahn verschieben. Knapp 700'000 Tonnen Müll
kreisen um die Erde, verteilt auf 16'674 Objekte – die unter
zehn Zentimeter großen Stücke nicht mitgezählt. Wir
Menschen sind Maulwürfe. Wir werfen Dreck auf, bis
hoch in den Orbit. Vor tausend Jahren hieß der Maul-
wurf noch *mulwerf* und *mülwurf*. Mit *mul* und *mül* war
Staub / Erde / Zerriebenes gemeint, sagt das etymologische
Wörterbuch. Zerriebenes düst durchs All. Zerriebenes
düst durchs Hirn. Gedankensplitter von Orbit bis
Maulwurf, zu nichts nütze. Ich bräuchte eine höhere
Umlaufbahn.

17. September 2015
Ich lege der Katz von hinten meine gewölbte Hand über
den Kopf. Der kleine Pelzschädel passt genau in die
Wölbung. Links und rechts schauen die Katzenohren
hervor, zittern ein bisschen. Die Katz ist warm vom
Leben und von der Sonne. Sie liegt und atmet und rührt
sich kaum. Und dann fängt ganz sachte dieses kleine
Geräusch an, ein ganzes Schnurren ist es noch nicht, nur
kleine Krümel davon. Ich mag dieses kleine Geräusch.
Und die Katz mag meine Hand. Ich lasse sie auf ihrem
Kopf, bis das Schnurren so richtig groß und fett ist. Es
ist so laut, dass ich es via Telefon weiterleiten könnte. Ihr
Kopf, meine Hand – ein schönes Zusammentreffen. Zwei

Leben, ein Moment. Irgendwann ist die Katz nicht mehr da, die Hand nicht mehr da.

16. September 2015

Vancouver Island. Wir wanderten. Es war still. Es war schön. Der Pfad im Pacific Rim National Park war gut angelegt und markiert. Links und rechts wuchsen verschiedene Nadelbäume, zum Teil alte Riesen mit Flechtenbärten. Selten eine Eiche, ein Ahorn. Einmal ein Manzanita, die rote Rinde schälte sich vom Holz, die nackten Äste sahen aus wie Kinderarme. Manchmal war der Ozean so nah, dass man ihn rauschen hörte. »Habt ihr einen Bären gesehen?«, fragte die Frau, die uns entgegenkam. Sie wirkte ziemlich verängstigt. Wir lachten sie aus. Bär? Hier doch nicht. Auf so einem Touristenpfad doch nicht. Wie kann man nur so dumm fragen. Beschwingt wanderten wir weiter. Ich dachte an den Manzanita, Gattung der Bärentrauben. An seine weißen Beeren, Bärenbeeren. Und wenn jetzt doch ein Bär ... Später sahen wir zweimal Bärendung, große, fladige Haufen, fast schwarz, noch leicht feucht, grad richtig appetitlich für die Maden.

15. September 2015

Staunen beim Zeitunglesen. Die Rektorin einer katholischen theologischen Hochschule äußert sich über Homosexuelle. Sie sagt: »Sieht sie – die Kirche – ein, dass Menschen so veranlagt sind, muss sie sich fragen: Hat Gott sich da verschöpft?« Ups. Dass Gott sich verschöpft haben könnte, das habe ich von Gläubigen noch nie gehört. Ich war immer der Annahme, dass sich die Menschen einen allwissenden, allmächtigen, unfehlbaren Gott geschaffen haben. Mit einem Gott, der sich verschöpft haben könnte, wären nun plötzlich alle Kriege, Grausamkeiten, Qualen und Leiden erklärt, vom Atompilz über Hiroshima bis zum Fortpflanzungskreislauf des parasitären Leberegels und seinen gequälten Wirtstieren. Aber mögen dann die Gläubigen einen Gott, der so ins Wanken kommt, weiterhin verehren? Zu einem sich verschöpft habenden Gott passt das alte Allmachtsparadoxon: Kann ein allmächtiges Wesen so einen schweren Stein erschaffen, dass es ihn nicht selbst hochheben kann?

14. September 2015
Heute war so ein Tag, an dem ich permanent auf etwas gewartet habe. Weiß nicht, worauf. Vielleicht auf irgendeine gute Nachricht von Sohn, Tochter, Enkeln, vielleicht auf irgendeine positive Äußerung zu meinem Buch, vielleicht auf irgendeine wohltuende Aufregung von irgendwoher aus der Welt. Ich war ein Wartling. Der Morgen kroch mittagwärts, nichts begab sich, ich wartete auf ein Glas Wein und nach dem Glas war ich weinmüde und wartete auf das Verschwinden der Müdigkeit, nichts begab sich, ich war ein Wartling. Ich tat nicht nichts, ich tat, was ich musste, immer wartend, sozusagen im Stehen. Der Tag kroch abendwärts, ich wartete, dass die Katz auf meinen Tisch sprang, ich wartete, dass sie wieder runtersprang, dann wartete ich wieder auf alles und nichts und zum Schluss auf den Schlaf, der kam angesaust wie im Sturm.

10. September 2015
Als uns Elena mit ihrer kleinen Tochter Anna besuchte und sich Anna übergeben musste, putzte Elena auf, schäumte den Teppich ein, bis nichts mehr zu sehen und zu riechen war. Die Mutter ist für die Tochter verantwortlich. Genau so müsste die Muttergesellschaft für die Tochtergesellschaft verantwortlich sein: Kinder schuften unter miesen Bedingungen, Frauen werden in 60- bis 80-Stundenwochen verbraucht, Männer erkranken wegen Pestiziden oder Schwefeldioxid-Ausstößen, nicht bei uns, nein. Das ist weit weg. Daran sind die dortigen Tochtergesellschaften schuld. Die Muttergesellschaften hierzulande verdienen bloß daran. Sie brauchen nicht aufzuwischen, was ihre Töchter kotzen. Eine Initiative will das nun ändern. Hoffentlich hat sie Erfolg. Ein blasser Fleck auf unserem Teppich erinnert an die kleine Anna, der so erbärmlich übel war.

9. September 2015
Ob man draußen Feuer machen könne, fragen die Freunde, die wir eingeladen haben. Kein Problem, keine Waldbrandgefahr. Sie bringen ein junges Wildschwein mit, tot, gehäutet, leergeräumt. Zwei der Freunde sind inzwischen Jäger geworden, haben ein Revier, es gibt zu viele Wildschweine, sagen sie, sie machen zu viel kaputt. Sie haben sicher recht. Die Wildschweine würden wohl sagen, es gibt zu viele Menschen, sie machen zu viel kaputt. Das Schwein liegt in einer Styropor-Box auf Trockeneis, die Augen sind offen und auch das Maul voller Zähne. Sieht aus, als wolle das Schwein etwas sagen. Fünf Stunden

hängt die Sau dann überm Feuer, gekreuzigt an einem
Gestänge, ich schau nicht gern hin, nur durch die
Kamera, bin eine feige Sau. Und ich esse auch vom gebratenen Fleisch, bin eine verlogene Sau. Dazu Bohnensalat
und Bratkartoffeln und gedünstete Scham.

8. September 2015
Dreimal schönes Unerwartetes an ein und demselben
Tag: Ich gehe durchs kurzgemähte Gras vor dem Tessiner
Ferienhaus. Seltsam, da liegt ein Streifchen schwarzer
Pneu. Das Streifchen erhebt sich, hat einen Kopf, ist eine
Schlange, verschwindet in vollendeter Bewegung. Eine
Zornnatter war's. Ein paar Schritte weiter sehe ich im
Strauch, an dem ich schon ein Dutzend Mal vorbeigegangen bin, ein kleines, kompaktes Vogelnest, es würde
perfekt in meine Handschale passen, könnte von einem
Buchfink sein, sagt O. Ein paar Stunden später drüben
in Italien, wartend vor einer Autowerkstatt, erblicke ich
unerwartet altes Gemäuer. Es ist ein Kirchlein mit Turm
aus dem 11. Jahrhundert, San Pietro in Grantola, hat
sich gehalten in einer Hölle aus Tankstellen, Fabriken,
Supermercatos, Outletstores. Verblasste Fresken aus einer
Zeit, als Kolumbus noch nicht in Amerika war.

7. September 2015
Das Richtige machen, das geht nicht. Das Richtige gibt
es nicht, es gibt nur Richtiges. Da und dort und dann und
wann und hin und wieder gelingt oder geschieht Richtiges. Das zu erfahren ist ein kleiner Glücksmoment. Es
gibt Leute, die stets wissen, wie man das Richtige macht.

Sie haben sich alle möglichen Meinungen und Theorien angeeignet, berufen sich auf den Papst, den Psychiater, den gesunden Menschenverstand oder das Bauchgefühl. Ich bin, so glaube ich, ein umgänglicher Mensch, meistens begreife, mag oder liebe ich die anderen. Nur die Leute, die stets wissen, wie man das Richtige macht, die gehen mir, höflich gesagt, gottsträflich auf die Nerven, ich möchte sie anschreien. Anschreien! Diese wandelnden Sprichwörter! Dieses nach allen Richtungen sprungbereite Selbstbewusstsein … Leer Schlucken macht mir den Hals wund, und ich weiß nicht, was ich dagegen tun kann. Richtiges gibt es da nicht.

13. August 2015
Um drei Uhr nachts legte ich mich mit einer Decke auf die Wiese und starrte in den Himmel. Bislang hatte ich den Perseidenschwarm immer verpasst, dieses jährliche Sternschnuppenspektakel im August. Es hieß, diesmal sei er bei mond- und wolkenfreiem Himmel besonders vielversprechend: pro Minute eine Schnuppe im Schnitt. Ich stellte mir das vor wie ein ellenlanges Blitzgewitter, sah aber nichts außer ein paar Flugzeugen, die sich hoch oben bewegten, winzig, stetig. Ab und zu flatterte dunkel ein Falter durchs Dunkle. Ich legte mir die Reihenfolge der Personen zurecht, die von meinen Wünschen profitieren sollten, und war bereit, als die erste Schnuppe flog. Sie war wie heller schneller Nadelstich, und ich wünschte zackig. Dann ging das große Warten an. Für zwanzig Wünsche brauchte ich zwei Stunden, dann gab ich auf. Ich kroch ins Bett und schloss dankbar die Augen.

12. August 2015

Der Vertreter eines exotischen Staates wurde an der UNO-Generalversammlung gefragt, ob es in seinem Land tatsächlich noch Kannibalen gebe. Nein, sagte er, sie hätten vor Kurzem den letzten gefressen. Das ist ein Witz, politisch unkorrekt, mag sein. Kein Witz ist, was wir heute aus unserem Gratis-Blatt erfahren: Die Historiker Simon Mays und Owen Beattie haben den Fall »Franklin-Expedition 1845« neu aufgerollt. Ihre Analysen bestätigen die Vermutung, dass die im Polar-Eis gefangene Besatzung in ihrer Verzweiflung Fleisch von toten Kameraden verzehrte. Das Gratisblatt schreibt: *»So haben die letzten Überlebenden sich schließlich gegenseitig verspeist – und zwar komplett.«* Weiß jemand, wie das geht?

11. August 2015

Es ist zu befürchten, dass ich kindisch bleibe, bis ich sterbe. Bin alt und muss immer noch lachen, wenn da steht: »Hopsital«. Zwei Buchstaben vertauscht, und schon lach ich, es ist bedenklich. Hopsital – ein Wort mit acht Buchstaben und zwei davon vertauscht, ja und? Man weiß doch, was gemeint ist. Ein Hospital steht im Duden und in jeder größeren Stadt, eine gute Sache. Kann es sein, dass man in einem Hopsital eher hopsgeht als in einem Hospital? Aber Hopsgehen ist gar nicht lustig, warum macht mich dann das verflixte Wort ganz lächerig? Ich muss mich vor Buchstaben besser in Acht nehmen. Sie können meine schwache Vernunft recht hinterhältig attackieren.

9. August 2015

Habe einen Fuchs gesehen: er stand stramm auf
zwanzig Zehen.
Habe einen Fuchs gesichtet: war rundum mit
Pelz beschichtet.
Habe einen Fuchs entdeckt: schien mir jung
und aufgeweckt.
Habe einen Fuchs getroffen: Schwanz gestreckt
und Ohren offen.
Habe einen Fuchs erspäht: kleine Waldesmajestät.
Habe einen Fuchs erblickt: hab ihm lautlos zugenickt.
Habe einen Fuchs gefunden: doch er war kurz
angebunden.
Reimeke Fuchs hieß der schöne Rote, heute Morgen, der
lief dann weiter, und ich durfte mit der blöden Reimerei
endlich aufhören.

8. August 2015

Angenommen, ich würde in meinem Garten säen, jäten,
gießen, düngen, warten, ernten. Und was ich ernte, würde
ich jeweils mit dem Schubkarren in den hinteren Teil des
Gartens bringen und im extra dafür angeschafften Ofen
verbrennen. Absurd? Angenommen, ein paar Nachbarn
würden sich über meine Tomaten, Bohnen und Birnen
freuen, und ein paar Tiere des benachbarten Waldes
würden sich meine Beeren und Salate gerne schmecken
lassen. Ich aber würde alles im eigens dafür angeschafften
Ofen verbrennen. Absurd? Heute steht in der Zeitung,
dass der russische Präsident befohlen hat, folgende
Lebensmittel aus dem Westen seien an der Grenze sofort

zu zerstören: Fleisch, Fisch, Milchprodukte, Früchte, Gemüse. Zur Fleischvernichtung werden mobile Verbrennungsanlagen angeschafft, Stückpreis 100'000 Franken. Absurd? Es ist die Reaktion auf die Wirtschaftssanktionen des Westens vor einem Jahr. In Russland soll es Menschen geben, die solche Lebensmittel als Überlebensmittel bräuchten.

7. August 2015

Die NASA hat einen Planeten gefunden, der unserer Erde mehr gleicht als alle bisherigen Funde: Kepler-452b. Er kreist, sagt die NASA, im richtigen Abstand und seit ausreichender Zeit um seine sechs Milliarden alte Sonne. Er liegt, sagt die Nasa in einer habitablen Zone. Leben wäre vorstellbar! Leider ist er ein bisschen weit weg, nämlich 1400 Lichtjahre. Für den Astronauten in einem Raumschiff, das sich mit Lichtgeschwindigkeit bewegt – noch nicht erfunden! – dauert die Reise nur acht Jahre. Seine Alterung wird nämlich durch die Lichtgeschwindigkeit derart verlangsamt. Dafür verpasst er aber 1400 Jahre auf der Erde. Und während 1400 Jahren ist doch einiges los, rückblickend zum Beispiel: Kreuzzüge und Pest, Dschingis Khan und Kolumbus, eine Reformation, eine Revolution, zwei Weltkriege, zwei Atombomben ... Vielleicht wär's doch schön, mal auf den Kepler-452b zu fliegen.

6. August 2015

Ich fuhr talwärts, sah das kleine Lämpchen aufleuchten und war sofort nervös. Hilfe, das Auto brauchte

umgehend eine Benzintransfusion! Ich hielt an der
nächsten Tankstelle, setzte den Stutzen an und hörte
zufrieden zu, wie der wiederbelebende Treibstoff
einströmte. Dann sah ich auf und erschrak. Auf einem
Kirchendach in einiger Entfernung stand in riesigen
Lettern: »Gott sucht dich«. Es war wie ein gigantischer
Vorwurf: Wo zum Teufel steckst du, kleine Menschin?
Wo treibst du dich herum? Was fällt dir ein, dich vor
mir zu verbergen! Was sollte ich da erwidern? Herr,
ich bin hier! Siehst du mich? Ich stehe an der Migrol-
tankstelle in Dübendorf und halte einen Einfüllstutzen
in der Hand! Ich bin die mit dem blauen Sonnenhut
an der Säule 3. Ich habe nicht die Absicht, mich zu
verbergen, Herr. Ich gehe jetzt hinein, um zu zahlen.
Exakt 91 Franken.

19. Juli 2015
Ein Paar neulich beim Arzt im Wartezimmer. Der
Mann blickt von der Zeitschrift hoch und sagt: »Was
ist?« Die Frau blickt auf den Einkaufskorb und sagt:
»Ich habe Angst, das Hackfleisch reicht nicht.« Sie hat
nicht Angst vor Geschwüren, Krampfadern, geschwollenen Mandeln. Nicht vor Ausschlägen, Herzflimmern,
Nierensteinen. Sie hat Angst, dass das Hackfleisch
nicht reicht. Sie könnte auch Angst haben vor Klima-
veränderung, Bevölkerungsexplosion, Terrorismus. Vor
atomaren, digitalen, globalen Katastrophen. Sie hat
Angst, dass das Hackfleisch nicht reicht. Wer lebt, hat
Angst. Wer stirbt, hat Angst. Und wer zu wenig Hackfleisch hat.

18. Juli 2015
Neulich fuhr ich mit dem Zug von Zürich nach Frankfurt. Auf der anderen Seite des Gangs saßen ein Vater und sein Sohn. Der Sohn war noch kurz: etwa einen Meter, der Name auch: Karl. Der Vater hatte Essen, Trinken, Spielzeug, Bilderbücher dabei. Karl nahm einen Schluck und greinte. Aß einen Bissen und greinte. Sah sich zwei Buchseiten an und greinte. Das Spielzeug warf er unter den Sitz. Karl hatte diesen hohen weinerlichen Ton und sein Vater diesen hastigen beschwichtigenden Sound. Kurz vor Basel flippte der Vater aus und schrie: »Gopfertoori, was willst du dann?« Karl war todmüde und hätte Schlaf gewollt. Nun krochen Vater und Sohn durch den Gang und spielten »Böses Krokodil fängt Kind«. Die Passagiere schauten in ihre Zeitungen und Laptops. Karl schrie. Er war total erschöpft. Ich hätte ihn gern ein bisschen rumgetragen, stellte mir vor, wie seine Augendeckelchen schlapp würden. Der Vater wär zum Rumtragen zu schwer gewesen. Nach Karlsruhe gab Karl Ruhe.

17. Juli 2015
Eine lange Reihe von heißen Tagen. Die Erde so trocken und brüchig wie Knäckebrot. Die Schnecken scheinen ausgestorben. Doch nach dem ersten Regen knirscht es unter meinem Stiefel, ich habe einen Unfall verursacht: Schneckenhaus zerbrochen, Schnecke verletzt. Sie oder er bewegt sich noch. Schreit nicht, stöhnt nicht, wimmert nicht, aber krümmt sich, als ob's weh tät. Spüren Schnecken so etwas wie Schmerzen? Fische – das ist von der

Forschung endlich beglaubigt – haben Sinneszellen, die
den Schmerzrezeptoren höherer Säugetiere entsprechen.
Aber wer weiß, was der Regenwurm an der Angel
empfindet. Ich hätte es nicht gern, wenn man mich
aufspießte. Ich würd mich auch nicht gern stundenlang
auf meinem Gartenweg winden. Also hole ich den
Totschlagstein und schlage das schleimige Schnecken-
häufchen tot, so wie ich schon dreivierteltote Mäuse
oder Vögel erledigt habe – die Opfer der Katz. Der
Garten ist gefährliches Gelände und das Leben ist tödlich.

16. Juli 2015
»Betrachtest du deine Bücher als moralisierend?«, fragt
mich ein Freund. »Nein«, sage ich. »Auch nicht im
Versteckten?«, fragt der Freund. »Nein«, sage ich. »Ich
halte anderen nur den Spiegel vor, mehr nicht.« Später
denke ich: Anderen den Spiegel vorhalten ist durchaus ein
moralischer Akt. Die Figuren in meinen Büchern sind
Spiegel, die Lesenden können sich drin sehen. Können
sehen, wie blöd, hässlich, verbohrt sie sind und handeln –
ein unangenehmes Bild. Oder wie klug, schön, liebevoll
sie sind und handeln – ein angenehmes Bild. Die Bilder
implizieren: *Sei so!* oder *Sei anders!* Und somit bin ich im
Grunde genommen eine Moraltante.

15. Juli 2015
Interview mit mir selbst: »Es heißt doch, das Schöne
am Alter sei, dass man gelassener werde. Stimmt das?«
»Ach wo. Ich werde überhaupt nicht gelassener, ich werde

wütender.« »Warum?« »Weil es noch so viel zu tun und
zu lesen und zu denken gäbe und ich das nicht mehr alles
hinkriege.« »Sonst noch was?« »Ja. Wütend macht mich
auch, dass die Vorstellung meiner Jugend, die Gesellschaft
könnte verändert werden, sich klammheimlich in eine
Illusion verwandelt hat.« »Bist du da nicht ein bisschen zu
pessimistisch?« »Leider nein. Die Gesellschaft sitzt mal
auf der linken, mal auf der rechten Pobacke, aber bewegen
tut sie sich nicht.« »Wenn du weißt, warum du wütend
bist, weißt du dann auch, auf wen?« »Nein. Und jetzt hör
auf, mich auszufragen.«

5. Juni 2015
Eine Wanderung in der Türkei und wie ich mich narren
lasse: Ich gehe eine schnurgerade Straße lang und meine,
beim Gehen nicht vorwärtszukommen, weil der Bewuchs
am Straßenrand immer der gleiche ist – Wegwarte,
Distel, Ginster, Zistrosen. Ich glaube zweimal feine
Radioklänge zu hören, es ist aber nur der Wind zwischen
den vielen Stützstangen einer verlassenen Hausbaustelle.
Ich erschrecke wegen eines kalbgroßen Hunds, doch dann
sehe ich, dass er mich wedelnd fragt, ob ich freundlich
bin. Mein Herz geht auf wegen eines biblischen Idylls:
lauschender Schäfer im Olivenhain, und es geht wieder
ein bisschen zu, als ich merke, dass er Musik auf seinem
Handy hört.

26. Mai 2015
Mit neuen Erfahrungen gut gefüllter Tag: 1. Ich nehme
mit Staunen zur Kenntnis, dass die amerikanische

wunderbare Dichterin Emily Dickinson (1830–1886) eintausendachthundert Gedichte geschrieben hat, von denen nur gerade sieben zu ihren Lebzeiten veröffentlicht worden sind. 2. Ich sehe während einer Koloskopie auf dem Bildschirm das Innere meines gut geputzten Dickdarms, einen wunderbar rosa und perlmutt schimmernden Höhlengang mit zarten blauen Blutbahnzeichnungen an den Höhlenwänden. 3. Ich merke mir mit Vergnügen einen mir bislang unbekannten Spruch von Tucholsky: Je lauter er schrie, desto niemander kam.

20. Mai 2015
Heute ist der Garst wieder mal da. Er meldet sich nie an, kommt einfach und setzt sich und schaut zu, wie man ihn hasst. Erst schlurft er durch den Garten, bis der kalt und triefnass und so richtig garstig ist. Die Setzlinge ducken sich schlotternd und die Vögel sind aufs Mal still. Dann macht er sich im Haus breit und gibt keine Ruh, bis die Stimmung durchgehend klamm und grau ist. Hau ab, sagt man, aber das nützt gar nichts, im Gegenteil, jetzt streckt er noch seinen bleichen fleischigen Finger aus und zeigt auf alles, was nicht gut ist, da schau. Dem Garst entgeht nichts, er sieht auch, was nur ein klein bisschen gärstlich ist. Am schlimmsten ist es, wenn er in der Zeitung blättert und den furchtbaren Finger auf furchtbare Dinge legt, da schau. Zum Beispiel ist heute zu lesen, dass die Saudis acht neue Henker suchen, zur Vollstreckung von Todesurteilen und für Amputationen und andere Körperstrafen. Besondere Kenntnisse werden nicht verlangt.

19. Mai 2015
Kürzlich fuhr ich im Tram stadteinwärts und hörte einer
Frau und einem Mann zu, ich nehme an, es waren eine
Frau und ein Mann, des Lippenstifts und der Krawatte
wegen. Es war ein Ehepaar, ich nehme an, es war ein
Ehepaar, sie sprachen weder freundlich noch unfreundlich miteinander. Ihr Thema war eine Badewanne, ich
nehme an, es war eine Badewanne, es war etwas, in dem
man ausrutscht, außer man tut eine Gummimatte rein,
die aber regelmäßig zu reinigen ist, weil sich dort gerne
Pilz ansiedelt. »Wenn du ausrutschst, dann hast du das
Geschenk«, sagte die Frau, ich nehme an, sie meinte nicht
ein Geschenkpaket mit einer bunten Schleife, sondern ein
gebrochenes Hüftgelenk oder so. Die beiden waren alt, ich
nehme an, sie waren alt, er hatte erstaunlich große Ohren,
und sie reckte den Kopf hoch, damit ihr Hals nicht
schwabbelte. Sie waren gut gekleidet und waren sauber,
ich nehme an, sie waren sauber, wozu hat man denn eine
Badewanne.

18. Mai 2015
Die Menschen einer Gruppe, die sich bildet, wozu auch
immer, sind zuerst alle aus demselben Teig: Ob eine
Handvoll Bergwanderer oder Bahnreisende, Apérogäste
oder Wartezimmerwesen, Gratulanten oder Kondolanten,
alle sind sie aus Menschenteig, sind wie ich, du, er, wir,
ihr, sie. Aber kaum werden sie in den Konversationsofen
geschoben, verwandeln sie sich in völlig verschiedene
Gebäcke. Werden blasse Fladen, groteske Kringel, gigan-
tische Wülstlinge, krümelige Schnecken. Und je länger

sie konversieren, desto blasser, grotesker, gigantischer
oder krümeliger werden sie. Da sitzt oder steht man dann
dazwischen und wundert sich und möchte nichts wie weg
aus diesem Ofen. Wenn bloß endlich die Ofentür wieder
aufginge …

17. Mai 2015

»Manchmal lag ich auf dem Bett und dachte: Es ist mir
gleich, wenn mein Herz jetzt dann gleich zu schlagen
aufhört«, sagte die Frau mit einem freundlichen Lächeln.
Dann waren wir beide still. Die Sonne schien auf die
Terrasse, der Fluss rauschte knapp hörbar, die Kuppeln der
Kirchtürme glänzten. Die Kellnerin brachte unser Essen.
»Danke«, sagte die Frau, wieder mit einem freundlichen
Lächeln. Rundum alles friedlich. Von den anderen Tischen
hörte man Pling-Pling, da wurde auf etwas angestoßen.
Man sah der Frau die Krankheit nicht an. Sie kann tödlich
sein, diese Krankheit, bringt den ganzen Körper und das
ganze Leben durcheinander. Inmitten der fröhlichen
Geräusche saßen die Frau und ich wie unter einer Luft-
glocke. Wir dachten an ihre Krankheit. Die Frau hofft.

14. Mai 2015

Jemand reißt die Tür auf und kommt herausgestürzt,
rennt wortlos an mir vorbei, die Treppe hoch. Dann
Türenknallen von oben. Ja, was nun? Mit hängenden
Armen stehe ich da und überlege. Nur weil der Mensch
an mir vorbeigerannt ist, heißt das noch nicht, dass ich an
dem leidenschaftlichen Akt beteiligt bin, der soeben statt-
gefunden hat. Oder doch? Vielleicht sollte ich durch die

halboffene Tür einen erkundigenden bis teilnahmsvollen Blick werfen. Oder mich in den oberen Stock begeben, feuerlöschend, trostspendend ... Nein, nicht alles, was läuft, und nicht jeder, der rennt, geht mich was an. Und überhaupt, der Mensch hat ein Recht auf Wut. Auch der zwölfjährige Enkel im oberen Stock, dem der Familienrat gerade eben einen großen Wunsch verweigert hat.

13. Mai 2015
Ein Doktorand der University of Stanford – so stand in der ZEIT – untersuchte für seine Dissertation den Unterschied zwischen den Emoticons :) und :-). Danach sollen Nutzer des Smileys mit Nase mehr Wert auf korrekte Rechtschreibung legen, während Nutzer des Smileys ohne Nase gerne Ausrufe wie »heyyyy!« oder »yayyy!« von sich geben. Die Untersuchung macht eines klar: Es gibt noch so viel Unerforschtes auf der Welt. So suche ich zum Beispiel ganz dringlich Antwort auf die Frage: Isst ein Mann, dessen linker Ringfinger länger ist als der Mittelfinger, bei Liebeskummer eher Banane oder eher Leberwurst? Und wo isst er das, eher unter der Dusche oder in einer Telefonkabine? Und was macht Letzterer, wenn es mal keine Telefonkabinen mehr gibt?

9. Mai 2015
Kurz nach der Schweizer Grenze fließt die Tresa durch ein gewundenes, einsames italienisches Tal, eng, düster, waldbewachsen. Keine Häuser links und rechts des Flusses, nur mal ein zerfallendes Wehr, eine verlassene Bude oder Plastikblumensträuße zum Gedenken an Fahrer,

die hier zu Tode gekommen sind. »Das ist das Todestälchen«, sagen wir zu unserem Freund auf dem Rücksitz. »Hier begann Spielberg den Film *Borderline* zu drehen.« »Aha«, sagt der Freund auf dem Rücksitz, der professionelle Filmexperte. »Mit Jack Nicholson und Helen Hunt.« »Aha«, sagt der Freund. »Aber dann ertrank der Kameramann, hier, in dieser Kurve.« »Hmm.« »Und der Produzent machte einen Rückzieher, er litt an Wahnvorstellungen.« »Hmm.« »Spielberg musste aufgeben. Aus *Borderline* wurde nie etwas.« »Aha.« »Hast du nicht gewusst, wie?« »Möglich, dass ich mal so was Ähnliches gehört hab«, sagt der Filmexperte auf dem Rücksitz. »Wir haben aber alles erfunden.« »Aha. Hmm.«

3. Mai 2015
Leiden Sie unter einer körperlichen oder geistigen Krankheit? Konsumieren Sie Drogen oder sind Sie drogenabhängig? Oder leiden Sie derzeit unter einer der folgenden Krankheiten: Weicher Schanker; Gonorrhoe; inguinales Granulom; Lepra ansteckend; Lymphogranulom venereum; Syphilis ansteckend; aktive Tuberkulose? Wurden Sie jemals auf Grund eines Verbrechens verhaftet oder verurteilt? Haben Sie jemals gegen Gesetze im Zusammenhang mit der Verteilung illegaler Drogen verstoßen? Haben Sie geplant, sich an terroristischen Aktivitäten, Spionage, Sabotage oder Völkermord zu beteiligen? Bei obigen und weiteren Fragen muss ich »Ja« oder »Nein« ankreuzen, wenn ich ein Touristenvisum für die USA beantrage. Angenommen, ich müsste einmal oder mehrmals »Ja« ankreuzen, wäre ich dann: A) ein anderer

Mensch? B) ein schlechter Mensch? C) ein verzweifelter
Mensch? D) ein betrogener Mensch? Oder ABCD)
einfach der Mensch, der ich ohnehin bin? Und was ist der
Mensch? Ein Wort, auf das sich nichts reimt.

2. Mai 2015

Seit Jahrzehnten stand er da, der große Feigenbaum
beim Ferienhaus, trug immer Frucht, grün und süß. Vor
zwei Sommern begann er zu sterben, die Blätter wurden
spärlich, die Äste trocken, und im letzten Frühjahr blieb
er kahl. Nun haben wir ihn umgesägt, zerlegt und als
Holzstoß wieder aufgebaut. Während der Arbeit dachte
ich ein bisschen ans Leben und Sterben, aber hauptsächlich an sehr prosaisches Kleinzeug wie zerrissene Gartenhandschuhe, einen schmerzenden Daumen oder Geschirr
von gestern, das noch abzuwaschen war. Der Feigenbaum
hätte tiefgründigere Gedanken verdient. Seine Befruchtungsstrategie via Feigengallwespe ist eine Erfindung, die
so herrlich kompliziert ist, dass ich sie auch nach mehrfachem Nachlesen nie ganz richtig verstanden habe. Abends
gab es dann ein Kaminfeuer mit Feigenreisig, und dessen
Duft war wie eine letzte Gabe.

1. Mai 2015

Aus Deutschland mailt mir die 10-jährige Ella, dass
ihr mein Buch »Tita und Leo« gefallen hat, dass sie in
der Schule darüber einen Vortrag halten wird. Ich soll
ihr doch bitte ein Autogramm schicken. Ach, denkt da
die 75-jährige Angelika, was mach ich jetzt? Es wird
wohl eilen, bei Schulkindern eilt so was immer. Und ich

weiß nicht mal, wo Ella wohnt. Wie schick ich denn ein Autogramm durchs Netz ... Dann fällt es ihr endlich ein. Und während sie einen Bogen Papier zurechtlegt, den Füller aufschraubt, ihren Namen leserlich hinschreibt, den PC hochfährt, das Scan-Programm öffnet, klickt und klickt und tippt und sendet, denkt sie: Ach, du Alte. Jetzt hast du wieder mal erfahren, dass du aus der Zeit des Tintenfässchens stammst. Schummelst dich digital zwar einigermaßen durch. Aber eigentlich würdest du deinen Namen am liebsten mit dem Zeigefinger in den Himmel schreiben.

30. April 2015

Wir sitzen um den Kamin. Drinnen prasselt das Feuer, draußen prasselt der Regen. Zeit für eine gemeinsame Geschichte. Jeder soll einen Satz beitragen. Das größere Kind fängt an, es fängt überaus poetisch an: »Fridolin singt immer im Schlaf.« Aber – so geht die Geschichte weiter – der singende Fridolin stört, wird beschimpft, ausgelacht, zum Arzt geschickt und zum Apotheker. Und jetzt wird's dramatisch: Der aufgewühlte Fridolin erschlägt den Apotheker. Was nun? Die Leiche ist zu entsorgen. Das kleinere Kind ist mit einem Satz an der Reihe, und es ist keineswegs verlegen: »Fridolin holt eine Häckselmaschine und stopft den Apotheker hinein.« Schluss. So hört oft brutal auf, was ganz sanft angefangen hat.

29. April 2015

Die Katz im Schlaf. Katz? Sie rührt sich nicht. Katz, schläfst du? Blöde Frage. Soll sie jetzt ja sagen? Aber wenn sie das tut, schläft sie gar nicht. Wenn sie das täte, schliefe sie gar nicht. Sie sagt ja ohnehin nichts, die Katz. Völlig reglos liegt sie da, den Kopf zwischen den Armen. Stünde sie auf, hießen die Arme plötzlich Vorderbeine. Doch sie liegt, wie tot. Vorsichtig fasse ich sie an. Sie rührt sich noch immer nicht. Aber tot ist sie nicht, sie ist warm. Ist wie ein warmes Gebäck mit Fell. Dummer Vergleich, das. Habe ich je ein Gebäck mit Fell gesehen? Neuer Vergleich: Ist wie eine dick eingemummte Seele. Ist das besser? Nein. Stirb noch nicht, Katz.

28. April 2015
Durch den Mittwochsmarkt in Luino flanieren Deutsche und Schweizerdeutsche, und manche reden so ungehemmt, als stünden sie zu Hause in der Küche. Vermutlich glauben sie, in einem Italienisch sprechenden Land sei ihr Deutsch gar nicht hörbar. Vor einem Stand mit Haushaltswaren steht ein Ehepaar, sie vielleicht Pia, er vielleicht Peter. »Peter, schau mal, das Ding hier, steckst es in eine Zitrone und versprayst den Saft.« »Solche Dinger liegen dann doch bloß in der Küche rum.« »Zitronenspray ist wunderbar an Salaten.« »Ohne mich.« »Gut zum Abnehmen.« »Pia, du nervst.« »Dein Bauch hängt schon fast, der schwappt.« »Also gut, ich schwappe. Ich schwappe vorne, du schwappst hinten.« »Danke, sehr freundlich.« »Schau mal die Tassen … Willst du eine Tasse, wo Pia draufsteht?« »Warum, meinst du, ich vergesse beim Trinken, wie ich heiße?« »Ich weiß ja nicht, wie blöd du noch wirst.« »Dann kauf eins von den Messern da und bring mich um.« »Erst gehen wir essen.«

27. April 2015
War ein paar Tage weg, und währenddessen hat der
Garten gemacht, was er wollte. Hat, ohne mich zu fragen,
die Wiese verändert, hat sich neue Farben zugelegt,
Hahnenfußgelb und Günselblau und Wiesenschaum-
krautlila, eine gewagte Kombination, aber durchaus
reizvoll, das muss ich zugeben. Den Salat hat er nicht
wachsen lassen, der eigenwillige alte Faun, hat ihn den
Schnecken übergeben, dafür hat er aus allen Ritzen
Pfefferminze gezaubert, simsalaminz! Hat auch, wie ein
grüner Schimmer zeigt, über die Töpfe mit Angesätem
gehaucht. Hat dafür dem weißen Flieder verboten, wieder
auszuschlagen. Das ärgert mich sehr, aber wie zahlt man
einem Garten etwas heim? Er ist es, der befiehlt. Zieh
dich um, hat er zur Birke gesagt. Und so hat sie den
zauberhaften Brautschleier abgelegt und trägt jetzt so was
Vollgrünes, Tüchtiges für jeden Tag. Nur ein paar Tage
war ich weg ...

3. April 2015
Hat ein Hirnchen, hat ein Herzchen, das Eichhörnchen,
hat alles, was es zum Angstverspüren braucht. Wie
groß muss die Angst des braunen Fellbündels gewesen
sein, das sich heute fast in Zeitlupe über unsere Wiese
bewegte. Was macht es da Seltsames, dachten wir. Sah
aus, als wär es am Schnuppern. Doch – das wussten wir
noch nicht – es war am Sterben, Hörnchenangst 1. Was
macht es da, dachte die Katz, schlich sich bis auf einen
Meter heran, Hörnchenangst 2, drehte wieder um. Zwei
Hände in dicken Handschuhen hoben das Bündel hoch,

Hörnchenangst 3, und senkten es ins Weiche einer Decke und ins Dunkle eines Kübels, Hörnchenangst 4. Die Autotür schlug zu, Hörnchenangst 5. Der Motor heulte auf, Hörnchenangst 6. Der Kübel wurde geschüttelt, Hörnchenangst 7. Im Tierspital gab's fremde Gerüche, Stimmen, Lichter, Hörnchenangst 8, 9, 10. Dann wurde das Fellbündel schlaff. Die große Angst war weg. Und das kleine Leben.

23. März 2015
Ich surfe im Internet, und bei jedem zweiten Klick habe ich den Bildschirm voll mit etwas Unerwünschtem: einem nackten Po, einem wirren Spiel, einer Werbung für Wasserbetten ... Als ich Fontanes Lebenslauf google und ein maskiertes Weltraummonster auf mich zudröhnt, beschließe ich zu handeln und lade ein Killerprogramm herunter, das alle Störenfriede auslöschen soll. SpyHunter heißt das Programm. Fast eine Stunde lang sammelt es ein, was sich ungefragt bei mir eingenistet hat, und listet unter dem Bildchen eines erschreckenden Käfers alles auf. Rund dreißig Bösewichte sind es, und sie haben mich insgesamt vierhundertfünfundvierzigmal infiziert. Mich friert, wenn ich an all die Viren und Würmer in meinem kleinen PC denke. Ich fasse ihn nur noch mit spitzen Fingern an. Ich glaube, ich werde krank!

20. März 2015
»Woran glauben wir morgen?«, war der Titel einer Vorlesung letzten Sonntag an der ETH. Man erfuhr, wie die Wissenschaft über die Jahrhunderte Vorurteile

wegräumt wie Schutt, der die Sicht versperrt. Die Erde ist flach, war so ein Vorurteil. Jetzt ist es weg. Die Zeit ist überall gleich, war ein weiteres Vorurteil. Jetzt ist es weg. Neue Sichten von Welt und Weltall sind dadurch entstanden. Ähnlich wie die Astrophysiker könnte auch ich mich anstrengen, Schutt wegzuräumen, Vorurteile abzubauen. Neue Sichten auf Mitmenschen und Gegenmenschen würden frei werden. Oder will ich auf den Schutz des Schutts gar nicht verzichten? Auf jeden Fall waren die astrophysischen Häppchen am Sonntag recht lecker. Zum Beispiel fiel der denkwürdige Satz: »Vergangene Ereignisse hören auf zu existieren, sobald alle Erinnerung daran ausgelöscht ist.«

17. März 2015
Frühling eingetroffen, schön, durch den Wald zu streifen. Wäre der Wald ein Bild, dann mit weichem Bleistift leichte Schraffuren mit viel Durchsicht. Wäre er ein Musikstück, dann auf Geigensaiten Gezupftes und schwach Gestrichenes, Vögel beim Üben. Wäre er ein Stück Text, dann vielleicht ein knittriger Einkaufszettel mit einer langen Liste von unnötigen Heiterkeiten. Oder ein krumm liniertes Blatt von einem, der grad schreiben lernt: schlüslblüm! knosben! Aber der Wald ist ein Wald. In wenigen Monaten wird er eine tiefgrüne Halle voller dunkelschattiger Nischen sein. Durchblitzt von ein paar dramatischen Sonnenstrahlen. Und bewohnt von Wesen, die sich nicht zeigen, nur knapp hörbar rascheln, so dass man ein bisschen erschrickt.

7. März 2015
Pflanzen, die regelmäßig berührt werden, bleiben kleiner und kräftiger. Japanische Bauern schickten schon vor dreihundert Jahren ganze Kinderscharen auf die Äcker zum Getreidesprossentreten. Vor dreißig Jahren strichen Heidelberger Wissenschaftler mit einem Straßenbesen über Petersilienpflänzchen. In freier Natur ist der Wind ein gekonnter Streichler. Bewindete Pflanzen werden weniger hoch, dafür kräftiger. Auch eine deutsche Gärtnerei streichelt mit Luft, durchpustet die Pflanzen achtzigmal pro Tag, um die Blätter zu bewegen. Und mittlerweile hat man für die Wirksamkeit solch kräftigen Streichelns das verantwortliche Gen gefunden: AtGA20x7. Besonders erfolgreich sind streichelnde Eltern. Ihre Kinder werden kräftig, und sie wachsen ihnen nicht über den Kopf. Streicheleien von anderen menschlichen Wesen nehmen Kinder etwas weniger gerne entgegen. Kluge Großeltern wissen das und streicheln vor allem mit den Augen.

3. März 2015
Heute habe ich Geburtstag. Ich öffne meine Mails und da steht:
Wir wollen Ihnen offiziell verkünden und gratuliere Ihnen für Schwellen als einer unserer glücklichen Gewinner auf unserer los Förderung Instagram Mega Millionen von New York Lottery Abteilung 2015. Das ist unser 5. Jahr der Betrieb, und wir haben mehr als 400 MillionenBenutzer wir Ihnen für den Gewinn der Summe von $ 1.000.000 usd gratulieren und sagen, ich danke Ihnen für die Verwendung Instagram

möchten. gekrönten Details im Handumdrehen. In anderen, Ihre Groß behaupten gekrönten bitte kindly Kontakt unsere Agenten für mehr Briefing und Transaktionsprozess mit Instagram-ID und das Land, Details im Handumdrehen.
Was für ein unfassbares Geschenk. Wie schön, dass ich geboren bin.

1. März 2015
Man sieht tagtäglich Schreckensbilder von Kampf und Krieg. Man sieht camouflierte Kämpfer, lebendig und tot, und fragt sich: Wer hat eigentlich diese Unmengen von Tarnstoff fabriziert? Die Schweiz hat neueste Zahlen zu den Exportbewilligungen für militärische Güter bekanntgegeben. Das sind – salopp definiert – Güter, mit denen man niemanden totmachen kann. Zum Beispiel »bedrucktes Gewebe«. 2014 ist »bedrucktes Gewebe« im Wert von 90 Millionen Franken nach Russland geliefert worden. Beste Schweizer Qualität und so ausgerüstet, dass die Kämpfer auch mit Infrarot-Nachtsichtgeräten schlecht aufzuspüren sind. Schön, wenn sie überhaupt nicht aufzuspüren wären! Nachts nicht und tags nicht und auf beiden Seiten nicht. Im Totaltarnanzug hätte jeder Kampf ein schnelles Ende. Schon eine Tarnkappe würde genügen. Muss leider noch erfunden werden.

26. Februar 2015
Heute im Tram. Hinter mir eine aufgeregte Kinderstimme: »Del Hund hat ein Kleid an!« Und nochmals: »Del Hund hat ein Kleid an! Papa, schau!« Der Papa murmelt. Ich schätze, das Kind ist noch klein, statt R

sagt es so was Ähnliches wie L. Vielleicht ist es so klein
wie der Hund. Das Tram fährt um eine Kurve, der Hund
ist nicht mehr sichtbar. »So dumm, del Hund!«, ruft
das Kind. Der Papa murmelt. »El hat doch ein Fell, del
flielt doch nicht!«, ruft das Kind. »Sag mal frieren«, sagt
der Papa, nun etwas lauter. »Flielen«, sagt das Kind.
»Walum?« Der Papa murmelt. »Kann del Hund das Kleid
selbel anziehen?«, fragt das Kind. Der Papa murmelt.
»Blödel Hund«, sagt das Kind.

21. Februar 2015
Angenommen, der Herr im Himmel hat gesagt: Ratte,
hiermit erschaffe ich dich, sei fortan dem Menschen
untertan. Diene ihm als Haus-, Wander- und Laborratte.
Trag ihm den Rattenfloh ins Haus und bring ihm die
Pest. Warne ihn, wenn das Schiff am Sinken ist. Tu im
Labor, was er von dir verlangt. Denn siehe, der Mensch ist
die Krone der Schöpfung und kommt zu mir zurück ins
ewige Leben. So sprach der Herr, und die Ratten folgten
seinem Wort bis heute. Aber jetzt haben sie gestreikt,
in den Labors der Universität Michigan. Sie erlaubten
sich, 30 Sekunden nach dem Herzstillstand auffällige
Muster von Hirnwellen zu zeigen. Daraus schlossen die
Neurochirurgen, dass das Gehirn im frühen Stadium des
klinischen Todes zu gut organisierter elektrischer Aktivität fähig sei. Diese Hyperaktivität, sagten sie, könnte die
Ursache für sogenannte Nahtoderfahrungen sein. Nahtoderfahrungen galten bislang als Beweis für ein Leben
nach dem Tod. An diesem Beweis haben die Ratten ganz
unbotmäßig gerüttelt.

9. Februar 2015
Laserin und Epilaserin sind die zwei kleinsten griechischen Inseln. Könnte die Antwort auf eine Quizfrage sein. Wäre aber falsch. Laserin und Epilaserin sind zwei Substanzen, die bewirken, dass Karotten bitter schmecken. Sie entstehen, wenn Karotten geschüttelt werden, in Lastwägen und auf Förderbändern. Lebensmittelchemiker haben das im Labor bewiesen. Auch Schädlinge oder Bodenfrost können Karotten verbittern, das hat man gewusst. Dass sie zudem ein Schütteltrauma erleiden können, ist eine neue Erkenntnis. Es gibt wohl noch mehr gestresstes Gemüse. Man vermutet, dass beim Spargel vermehrt Bitterstoffe entstehen, wenn er gestochen wird. Wie der Spargel wird auch der Mensch nicht gern gestochen. Wird auch nicht gern geschüttelt, reagiert auf Schütteln aber eher sauer als bitter.

6. Februar 2015
Statt den Kopf abzuhacken wie bis anhin, hat die Terrormiliz IS eine Geisel lebendigen Leibes verbrannt und die Überreste mit einem Bulldozer plattgefahren. Das Video wurde in Rakka, der IS-Hochburg, auf Großleinwänden ausgestrahlt und wurde bejubelt, auch von Kindern. Die Azhar-Universität in Kairo hat den Gewaltakt scharf verurteilt. Die Verbrennung verstoße gegen die im Islam verbotene Verstümmelung von Leichen. Ahmed al-Tajib, Imam an der Al-Azhar-Moschee, sagte, der IS sei eine teuflische Organisation, und die Extremisten hätten es verdient, dass sie getötet, gekreuzigt oder ihnen die Gliedmaßen abgehackt würden. Ach, so ist

das. Da bleibt einem nur das Kopfschütteln. So man noch
einen Kopf hat.

5. Februar 2015
Eiszapfen am Haus! Es gibt sie also noch. Ich dachte
schon, Eiszapfen seien vom Aussterben bedroht wie etwa
Feldlerchen oder Kornblumen. Eiszapfen erinnern an
Winter in der Kindheit oder an rührselige Märchen von
Hans Christian Andersen. Sie haben etwas Zauberhaftes.
Aufs Mal sind sie da, aufs Mal sind sie weg. Heutzutage,
wo alles berechnet, ergründet, prognostiziert, definiert
und strukturiert ist, haben sie einen besonderen Wert,
weil sie nichts wert sind. Man legt sie nicht mal zur
Aufbewahrung in den Tiefkühler. Sie sind nur schön,
sonst nichts, und sie heißen auch schön: Eiszapfen, icicle,
glaçon, ghiacciolo – man möchte sie in allen Sprachen
lutschen.

3. Februar 2015
1 Prozent der Weltbevölkerung wird nächstes Jahr über
50 Prozent der weltweiten Vermögen verfügen. Das
stand heute in der Zeitung. Herr im Himmel, was habt
ihr denn da oben für Rechner? Das ist ja mathematisch
etwa so, wie wenn 1 Prozent der Weltbevölkerung über
50 Prozent sämtlicher Krankheitsfälle weltweit auf sich
laden würde. Oder einfacher gesagt: Das ist ziemlich übel.
Vor zweihundert Jahren wurde mit Parolen wie Gleich-
heit und Brüderlichkeit ein etwas anderer Prozentsatz
angestrebt. Aber daraus ist nichts geworden. Gestern lag
in der Tramhaltestelle Hauptbahnhof jemand auf der

Bank, ich sah ein schwarzes Gesicht, ein Blinzeln, dann ein Lächeln. Der Mann besaß einen Schlafsack und zwei Einkaufstüten.

29. Januar 2015
Es gibt – so habe ich gelesen – das Bergman-Syndrom als Reflex: »Ich kapier es nicht, ergo ist es bedeutend.« Da wird angespielt auf die bedeutungsträchtigen und tiefsinnbefrachteten Bergman-Filme. Man könnte sich mit Leichtigkeit noch viele weitere Syndrome ausdenken, zum Beispiel ein Musil-Syndrom oder ein Habermas-Syndrom, und dann tüchtig darunter leiden. Mein Glück ist, dass ich dafür viel zu ungeduldig bin. Denn wenn ich etwas nicht kapiere, dann höre ich mit Lesen / Zuschauen / Zuhören rechtzeitig auf, noch bevor ich Opfer eines Syndroms bin. Ich will mir meine Lust auf Einfachheit ganz einfach nicht verleiden lassen.

28. Januar 2015
Vor Jahren habe ich mal ein Brot gebacken – es schmeckte nicht besonders gut. Heute hab ich es wieder versucht, mit Mehl, Hefe, Wasser, Salz und viel Geduld. Ich mixte und rührte und knetete und knetete. Es heißt immer, man könne beim Teigkneten allerlei loswerden: Enttäuschungen, Aggressionen und Wüte. (Ist Wüte der Plural von Wut? Oder gibt es gar keinen? Müsste es aber, bei so vielen Ursachen zum Wütendwerden.) Leider hatte ich beim Kneten gerade nichts, was ich loswerden wollte. Ich dachte ein bisschen dies, ein bisschen das. Zum Beispiel dachte ich: Es gibt Menschen, die sind wie Teig, der nie

aufgeht, sie lassen sich zu Tode kneten. Mein Teig ging
dann ganz schön auf. Aber das Brot, das schmeckte nicht
besonders gut.

25. Januar 2015
Unter der Dusche ist mir der Satz eingefallen: Nun
hat mich mein Leben verlassen. Und da hab ich im
Wasserdampf auf der Basis dieses Satzes so ein bisschen
vor mich hingedichtet. Es ist eine lange Dusche und ein
kurzes Gedicht geworden. Beides recht schön. Ich hab
das Gedicht gleich aufgeschrieben, noch bevor ich ganz
trocken war. Jetzt könnte ich also einen Text liefern, wenn
die anderen meine Todesanzeige formulieren müssen
und nicht wissen, wie. Nehmt doch einfach diese Zeilen,
könnte ich sagen. Nein, könnte ich nicht. Ich könnte ja
gar nichts mehr sagen. Ich könnte ja auch nichts mehr
lesen, und somit kann mir das Ganze egal sein. Ich will
ohnehin lieber leben als tot sein. Vielleicht fällt mir das
nächste Mal unter der Dusche etwas Brauchbareres ein.

22. Januar 2015
Ich schlendere im Laden die Kleiderständer entlang. Vor
mir zwei Mädchen, etwa sechzehnjährig. Sie blättern
durch die Kleider wie durch Buchseiten. Bei den Jacken,
leichten Daunen-Dingern, rot, blau, weiß, sagt das eine
Mädchen: Spastijacken. Das andere sagt: Ja, voll. Sprache
verändert sich. Mode auch. Ich weiß jetzt, wie eine volle
Spastijacke aussieht, und weiß auch, dass man Spastijacke
nicht sagen sollte. Ich schreib das Wort nicht noch mal.
Die beiden Mädchen werden's wohl auch nicht mehr

brauchen, wenn sie doppelt so alt sind. Oder wenn sie wissen werden, was ein Spastiker ist. Vielleicht denken sie jetzt noch, Spastiker habe mit Spaß zu tun. Vielleichter denken sie gar nichts. Am vielleichtesten sind sie einfach voll dumm.

18. Januar 2015
Ein Buch ist mir in die Hände geraten, das ich vor dreißig Jahren gelesen habe – Peter Noll: »Diktate über Sterben und Tod«. Noll, 56, hatte nach einer Krebsdiagnose beschlossen, auf Therapien zu verzichten. Er nutzte die zehn Monate, die ihm blieben, zum Nachdenken. Was war? Was kommt? Klar und gescheit sind die Gedanken, immer noch gültig. Breschnew und Thatcher muss ich ersetzen durch Putin und Cameron. Irak durch Syrien, die Zürcher Unruhen vielleicht durch Occupy Wall Street. Aber an den Zitaten von Rilke, Seneca oder Montaigne ist nichts zu ändern, und Buchfink, Kuckuck und Singdrossel hören sich noch gleich an. Für mich ist das Buch aktueller denn je, weil ich dem Tod so viel näher bin als vor dreißig Jahren. Aber das Lesen einer wundersamen Liebesgeschichte macht mir immer noch deutlich mehr Herzklopfen …

13. Januar 2015
Empau ei empau. Was könnte das heißen? In was für einer Sprache? Wo sagt man so was? Vielleicht auf den Fidschi-Inseln. Vielleicht in Nordgrönland. Könnte sein, dass es heißt: *Ich bin Mensch, gewiss, ich bin Mensch.* Oder: *Schnee, nichts als Schnee.* Oder: *Gnade, Gott, Gnade.*

Oder: *Schieß doch, los, schieß doch.* Oder: *Gesagt ist gesagt.*
Oder: *Hör auf, bitte, hör auf.* Ja, jetzt höre ich auf mit der
Blödelei. Denn ich weiß, was die drei Wörter bedeuten.
Sie bilden einen Satz, einen rätoromanischen Satz. Und
der passt genau ans Ende dieser Zeilen. *Empau ei empau*
heißt nämlich: *Genug ist genug.*

12. Januar 2015
Eine Freundin aus Kindertagen hat einen indischen
Maharadscha geheiratet. Eine Märchenprinzessin ist sie
deswegen nicht geworden. Zu vieles lief anders, als sie
sich das vorgestellt hatte. Immer noch hat sie das schöne,
freundliche Gesicht, nur runder. Die glatten, hellen
Haare, nur grauer. Die schmalen, langen Finger, nur
steifer. Sie hat sich eine andere Weltanschauung zugelegt,
einen anderen Erdteil zur Heimat genommen, eine andere
Sprache angeeignet. Wir haben uns unmessbare Weiten
voneinander entfernt. Aber wenn ich sie, ganz selten,
wieder mal treffe, schaut mich nach kurzem Befremden
ihr früheres Mädchengesicht an. Und es ist, als gingen
wir zusammen von der Badeanstalt – so hieß das damals –
nach Hause, mit feuchtem Haar und einem Vanille-Eis in
den kühlen Händen. Ich weiß wieder, wie sie mich bis vor
die Gartentür begleitete und wie es mich störte, dass sie
immer noch an ihrem Eis schleckte, während ich meins
schon längst gierig vertilgt hatte.

11. Januar 2015
Die Raumstation ISS kreist in 400 Kilometern Höhe um
die Erde. Kürzlich brauchten die Astronauten dringend

einen speziellen Schraubenzieher. Die NASA lieferte schnellstmöglich via E-Mail eine Bauanleitung ins All. Damit konnten die Astronauten in ihrem 3D-Drucker den Schraubenzieher ausdrucken. Das Ausdrucken dauerte vier Stunden und klappte perfekt. Das ist schon sehr beeindruckend. Leider meine ich seither im Nachthimmel etwas zu sehen, das dem ausgedruckten Schraubenzieher gleicht. Es stört mich ein bisschen. Mit Eichendorffs Mondnacht – *es war, als hätt der Himmel die Erde still geküsst* – ist es jetzt vorbei. Ich blicke hinauf in die blaue Schwärze und stelle mir vor, wie man auf Missionen zu fernen Planeten frische Herzen oder Lungen oder Kleinhirne ausdruckt – oder was es sonst so zu ersetzen gibt.

7. Januar 2015

»Alles, was ich sage, ist wahr, aber ich sage nicht alles, was wahr ist.« Das ist eine alte Advokatenweisheit. Oder besser: Advokatenschlauheit. Würde man sie vom Advokaten auf den Schriftsteller übertragen, könnte sie heißen: »Alles, was ich schreibe, muss nicht wahr sein, aber alles, was ich nicht schreibe, muss wahr sein.« Alles, was ich nicht schreibe, ist meine geheime Höhle, und darin darf ich nicht schummeln und flunkern und Geschichten erfinden, sondern muss meine eigene Wahrheit aushalten. Muss meine eigenen Fehler und Traurigkeiten und Missgeschicke vor mir offenlegen – und ebenso die meiner Liebsten und Nächsten. Alles, was ich nicht schreibe, muss wahr sein, ich darf mich nicht selbst betrügen. Denn wäre ich eine Selbstbetrügerin, würden meine erfundenen Geschichten unglaubhaft.

6. Januar 2015

Und wieder mal ist es peinlich, über Harmloses zu schreiben, über den Schnee, die Katz, den Müllsack. Wieder einmal stellt sich Brecht abwehrend vor meine Tastatur, *weil ein Gespräch über Bäume fast ein Verbrechen ist,* wie er im Gedicht »An die Nachgeborenen« gesagt hat, *weil es ein Schweigen über so viele Untaten einschließt!* Die Untat heute ist ein Anschlag auf die Redaktion von »Charlie Hebdo« in Paris, auf die Satirezeitschrift, die es gewagt hat, Mohammed-Karikaturen zu publizieren. Mit Kalaschnikows und dem Ruf »Allahu Akbar« griffen die beiden Attentäter an. Ergebnis: Zwölf Menschen sind tot, und die Meinungsfreiheit ist lebensgefährlich verletzt. Und also schreibe ich nichts von unseren Bäumen, auf denen dekorativ die Eichelhäher sitzen.

30. Dezember 2014

Die große Wiese: weiß. Der Himmel: weiß. Die Bäume: weiß. Der Himmel scheint in der Wiese zu versinken. Die Bäume sind namenlose Gespenster. Nussbaum wie Apfelbaum sind anonym. Der Waldrand rundum ist ein weißer Kranz für irgendeine Feier. Alles ist anders, sogar der Klang der Stille. Es schneit so fein, dass man's kaum merkt, ein bisschen Wolkenstaub. Die Drähte von Strommast zu Strommast sehen auf dem weißen Hintergrund wie Notenlinien aus. Fehlen nur noch die Noten. Drei schwarze Vögel würden schon genügen für einen Akkord. Aber kein Vogel ist zu sehen. Nur eine sentimentale Alte, die durch den Winter stapft und

aufpasst, dass sie nicht ausrutscht und für immer in einem
weißen Loch verschwindet.

29. Dezember 2014
Heute früh wollte ich vor der Tür Schnee wischen und
nahm den Besen zur Hand. Aber der wollte nicht. Blieb,
wo er war. Krallte sich an den Boden. Ein Zauberbesen.
Ich riss, er wehrte sich. Ich riss und riss. Es konnte
doch nicht sein, dass mir die Gegenstände nicht mehr
gehorchten. Dass Schreibstift, Kaffeetasse und Pantoffel
fortan an ihrem Untergrund haften blieben. Gabel,
Duden und Schmerztablette …Wie sollte ich so denn
weiterleben? Ein Alptraum. Plötzlich gab der Besen nach.
Du warst aber grob, schien er zu sagen, mich derart an
den Haaren zu reißen. Bei fünfzehn Grad unter null!
Kann doch nichts dafür, dass ich festgefroren war …

28. Dezember 2014
Schon zu Urzeiten waren die Fragen zum Kosmos
schwindelerregend: Warum geht die Sonne im Westen
unter und im Osten auf? Wo ist sie nachts? Wie sind
die Sterne am Himmel befestigt? Das Museum Rietberg
zeigt zurzeit in einer Ausstellung, wie alte Kulturen
den Kosmos darstellten. Alle haben sie nach einer
Möglichkeit gesucht, Mensch und Universum in einem
Gedankengehäuse unterzubringen. Die kosmologischen
Vorstellungen heute sind noch genauso schwindelerregend: Das gesamte Material unserer Galaxis soll einst in
eine Tasse gepasst haben – wie geht das? Und manche
Schwarzen Löcher sollen eine Masse enthalten, die einer

Milliarde von Sternen entspricht. Hilfe! Das blaue, blaue Himmelszelt ist von einer erschreckenden Unfassbarkeit, und während unser Wissen immer größer wird, werden wir immer kleiner.

19. Dezember 2014
Heute habe ich eine seltsame Mail erhalten. Absender: »Happy Man«. Betreff: »I am happy«. Text: »J«. Ich kenne den Happy Man nicht. Vielleicht ist es eine Frau. Vielleicht aus Patagonien. Vielleicht aus der Psychiatrie. Auf jeden Fall ist Happy Man irgendwie ausgerastet. Ist dermaßen vom Glück bombardiert worden, dass er die Welt davon unterrichten will. Oder aber das Unglück hat gewaltsam zugeschlagen, und die Mail ist einfach schwarze Ironie. Ich hoffe es nicht, ich hoffe, Happy Man ist tatsächlich glücklich. Ich könnte ihm antworten, ich getraue mich nicht. Fremdes Glück rührt man besser nicht an.

18. Dezember 2014
Wenn ich einem gartenlosen Menschen jetzt sage, dass bei mir Schneeglöckchen blühen, dann denkt der Mensch: Ja und? Ich könnte ihm genauso gut sagen, Angela Merkel putze die Zähne mit einer elektrischen Zahnbürste, Tayıp Erdoğan sei Türke, Thomas Mann habe einen Morgenmantel besessen, der Vesuv sei seit 1944 ruhig, Wolle stamme vom Schaf, der Papst sei ein Mann, und Rumpelstilz heiße Rumpelstilz. Ja und? Mensch, gartenloser, Schneeglockchen haben im Frühling zu blühen! Und die kleine Rosenblüte am Spalier gehört auch nicht in den

Dezember! Der Garten ist in Aufruhr, im Boden geht die
Revolution los, wenn man das Ohr auf die Erde legt, hört
man es rumoren. Würmer legen die Munition bereit, und
demnächst schießt alles brutal aus dem Boden.

15. Dezember 2014
Blauer Schnee wär schön. Sagte Ben, als er vier war.
Muss ihn mal fragen, ob er das, elf Jahre später, immer
noch fände. Ich denke, wenn blauer Schnee, dann dürfte
der Himmel nicht blau sein. Zitronengelb vielleicht,
auch minzgrün – und bei schlechtem Wetter weiterhin
schiefergrau. Wär nicht schlecht, ein bisschen wie ein
expressionistisches Gemälde, Kirchner oder so. Vom
Schmelzwasser würden dann die Seen tiefblau, so blau,
dass die Farbe haften bliebe, wenn man den Fuß ins
Wasser steckte. Mit der Zeit würden die Menschen blauer
und blauer, die Kinder kämen bereits blau zur Welt, und
die Seelen flögen blau durch die zitronengelbe Luft.

14. Dezember 2014
Ich sah des Sommers letzte Malve stehn, soeben im
Garten, blutrot. »Ich sah des Sommers letzte Rose
stehn, sie war, als ob sie bluten könne, rot«, so fängt
Hebbels berühmtes Sommergedicht an. Seine letzte
Rose entblättert sich dann durch den Flügelschlag eines
Schmetterlings. Meine letzte Malve steht nun in einem
Glas auf dem Küchentisch, ein kräftiges, zähes, schon fast
mutiges Wesen, das fast bis Weihnachten durchgehalten
hat. Ich danke ihr für ihre wunderbare Blüh-Wut, und
dem Word-Suchprogramm danke ich, dass ich ruck, zuck

die Stelle finde, wo ich versucht habe, die Farben meiner Malven zu beschreiben: 17. Juni 2014. Ach, Sommer. Ach, Hebbel. Wie hast du's bloß ausgehalten ohne Suchprogramm.

13. Dezember 2014

In einer Konditorei in Thun sitzen zwei alte Damen: »Strumpfhosen sind ungesund, sie lassen keine Luft an die Füße.« »Wie?« »Strumpfhosen.« »Ach so.« »Und oben schneiden sie ein, am Bauch.« »Wie?« »Am Bauch.« »Ja, ja.« »Leggins sind besser. Dünne Leggins und dazu Socken.« »Socken?« »Socken. Ist dein Kaffee auch bloß lau?« »Warum Socken?« »Socken stricken, kannst du das noch?« »Nein.« »Als ich ein Kind war, waren die Socken aus Wolle. Auch die Unterhosen. Immer, auch im Sommer. Das mit den Unterhosen heute ist so eine Sache.« »Wie?« »Also Wolle vertrage ich gar nicht. Ich rufe die Kellnerin. Man muss sich nicht alles gefallen lassen.« »Hä, was hat dir gefallen?« »Fräulein! Der Kaffee ist kalt!«

12. Dezember 2014

Gestern am Weihnachtskonzert wurde das alte Lied gesungen. «Maria durch ein Dornwald ging ... der hat in sieben Jahren kein Laub getragen.« Und da ging sie also, die schwangere Maria, und »da haben die Dornen Rosen getragen«. Ist das Poesie? Ja, was denn sonst. Und am Autoradio spielte Patent Ochsner: »W. Nuss vo Bumpliz ...u d'Spargle wachse i bluetjung Morge ...« Ist das Poesie? Ja, was denn sonst. Und zu Hause flatterte die Amsel ums Vogelhaus, und mir fielen die Beatles ein: »Blackbird singing in the dead of night, take these broken wings and learn to fly …« Ist das Poesie? Ja, was denn sonst. Ich habe im Lexikon nachgeschaut. Unter Poesie steht: siehe Dichtung. Da habe ich das Lexikon gleich wieder zugeklappt. Dafür habe ich den Song »Blackbird« gegoogelt. Nicht eine Amsel ist damit gemeint, sondern eine schwarze Frau – gut, also: afroamerikanische Frau – , die in den USA diskriminiert wird.

10. Dezember 2014
UNO und LASER sind Begriffe, die aus Anfangsbuchstaben zusammengesetzt sind und somit Akronyme. Ebenso YOLO (»You Only Live Once«) und LOL (»Laughing Out Loud«) aus der Jugend- und Chatsprache. Kein Akronym, sondern ein Backronym ist das Jugendwort SWAG. Das heißt, man hat die Abkürzung im Nachhinein ins Wort hineininterpretiert: »Secretly We Are Gay«. SWAG kommt aber von swaggen = prahlen und bedeutet »Coole Ausstrahlung«. Auch SPA im Sinn von »Sanitas Per Aquam« ist ein Backronym, denn SPA leitet sich ab von Spa, einem Heilbad in Belgien. Ebenso ist EHE im Sinn von »Errare Humanum Est« ein Backronym, denn das Wort geht zurück auf das althochdeutsche ēwa. Und ein typisches Backronym ist WALDIS, interpretiert als »Wer Aus Leichtsinn Dauernd Irgendwas Schreibt«.

9. Dezember 2014
Die Katz und ich teilen einander so manches mit. Wir verstehen's nicht immer. Um Mitternacht hat sie mir eine

Maus ins Schlafzimmer gebracht, hat gespielt mit ihr, schau mal, hat sie gesagt, das hab ich verstanden. Ich hab dann das Mäuslein, das mause war, aus dem Fenster geworfen, das hat die Katz aber nicht verstanden. War doch eine perfekte Maus, hat sie gesagt. Manchmal verschweigen wir auch einiges. Zum Beispiel sage ich ihr nicht, dass ich in die Ferien fahre. Schon wenn ich den Koffer packe, wirkt sie irritiert, ist traurig oder beleidigt, genau weiß ich das nicht. Sie hat mich so weit gebracht, dass ich mich mit dem Koffer aus dem Haus schleiche, ich will ihr den Anblick ersparen. Sie wiederum nimmt keine solchen Rücksichten, sie haut einfach ab in den Wald oder in die Gärten, allerdings ohne Gepäck.

8. Dezember 2014
Wie kommt das tote Schaf in meine Schublade? Wie kommt General de Gaulle an meinen Tisch und will Nudeln? Wie kommt ein Alphornklang in meine Waschmaschine? Wie kommt ein Koran zwischen meine Kochbücher? Via Traum, via Traum, via Traum. Träume, so heißt es heute, sind nicht nur auf den REM-Schlaf beschränkt, es gibt sie auch in den anderen Schlafstadien. Ein Drittel des Lebens besteht aus Schlaf und somit aus Traum. Kein Wunder, erwache ich oft wie ein geprügelter Hund. Erstaunlich, was nachts alles los ist. Neurowissenschaftler in Kyoto messen die Hirn-Aktivitäten von Träumenden und legen Datenbanken der entsprechenden Traumbilder an. Ziel ist so etwas wie eine Traumlesemaschine. Ich möchte das Schaf und das Alphorn nicht in einer Datenbank ablegen, sondern lieber vergessen.

7. Dezember 2014

Gehört mir noch, was ich im Müllsack an den Straßenrand stelle? Gehört mir noch, was in meinem Müllsack auf dem Müllauto davonfährt? Ist es verboten, etwas aus Nachbars Mülltonne an sich zu nehmen? Während rund drei Jahren hat ein neugieriger Mensch den Abfall von John Updike durchwühlt, hat Textentwürfe, Fotos, Briefe, Einladungen, Abrechnungen gefunden und alles auf seiner Internetseite platziert. Updike, gestorben 2009, sagt dazu nichts mehr. Sein Agent spricht von Diebesgut. Max Brod hat Manuskripte von Kafka nicht verbrannt, nicht entsorgt. Sind diese nun auch Diebesgut? Meinen Müll kann man gerne durchsuchen. Man findet darin so interessante Dinge wie Zettel mit Notizen, was ich noch tun sollte: Nagelsch. kaufen, Hansp. tel., Glühb. ersetzen. Katz entwurm. Wer daraus eine Geschichte machen will – bitte sehr.

6. Dezember 2014

Nikolaus. Braucht's den eigentlich noch? Mandarinen, Nüsse oder Schokolade haben die Kinder auch so. Tag für Tag. Was sie falsch machen, hören die Kinder auch so. Tag für Tag. Warum bindet sich da einer noch einen Bart um? Liebe Mütter und Väter, vielleicht seid ihr diejenigen, die einen Nikolaus bräuchten. Einen, der euch sagt, was ihr tun und lassen sollt. Bei »lassen« denk ich zum Beispiel an den Baby-Jogging-Anzug von Armani zu 249 Franken, erhältlich an der Storchengasse in Zürich. Bei »tun« denk ich zum Beispiel an Umarmungen ohne Grund. Man braucht die Umarmungen nicht mal auszuführen, man kann auch einfach so sein, als wäre man umarmend. Geschwätz? Geschwätz.

5. Dezember 2014
Eine Moulage, das weiß ich jetzt, ist kein Muschelgericht – ich war im Zürcher Moulagenmuseum. Um 1850 begann man in der Dermatologie Moulagen anzufertigen: Von erkrankter Haut wurde ein Gipsabdruck gemacht und dieser mit einer Wachsmischung ausgegossen. Dann wurde das Wachspräparat im Beisein der kranken Person minutiös und naturgetreu bemalt. Fürchterliche Ausschläge, grässliche Wucherungen an diversen Körperteilen sind geradezu liebevoll wiedergegeben. Wie Miniaturen alter Meister hängen die Moulagen an den Wänden des Museums, die Individuen sind erkennbar, Gesichter von vorn, von der Seite, samt Lächeln, Wangengrübchen und Haaransatz. Samt Schmerz, Schalk oder Müdigkeit. Ein Wachsfigurenkabinett der besonderen Art. Wenn sie wüssten, diese Menschen, dass sie da immer noch hängen – weil sie an der Nase ein Krebsgeschwür hatten oder am Kinn syphilitische Knoten.

4. Dezember 2014
Mit meinem Enkel, der zwölf wird, habe ich ein Diktat geübt, nur zwei Fehler, bravo. Bevor er hinausrannte zu seinen Freunden, füllte er sich den Kopf noch mit Bruchrechnungen und Schweizer Geografie. Abends kann er sich hinlegen und den freundlichen Schlaf empfangen. Weltweit legen sich rund 230 Millionen Mädchen hin, um den Ehemann zu empfangen. Sie sind jünger als fünf-

zehn und zwangsverheiratet. Das sind Zahlen der UNO. Ich stelle mir die Angst und den Widerwillen eines Mädchens vor, wenn sich der schwere Mann auf sie legt und sein großes Ding in ihre kleine Scheide zwängt. Von Zukunft keine Rede mehr. In den letzten drei Jahrzehnten hat die Zahl der Kinderheiraten kaum abgenommen. Macho-Macht, immer noch.

3. Dezember 2014
Alle Bäume jetzt nackt. Angezogen mag ich sie lieber, freu mich schon auf die ersten grünen Schleier im Frühling. Die Zeichnung der Äste ist nun sichtbar, sieht aus wie die Kritzeleien, die während langer Telefonate entstehen. Vor vielen Jahren hat mich regelmäßig eine Freundin angerufen und mir von ihrer behinderten Tochter erzählt. Es waren endlose Gespräche, und ich wusste ihr nicht zu helfen, ich hörte einfach zu. Ein weißes Blatt ums andere füllte sich derweil mit ornamentalen Kritzeleien, ich schrieb zum Schluss das Datum darunter und das Problem, um das es im betreffenden Anruf gegangen war. Irgendwann schenkte ich in einem Anfall von Anteilnahme die recht schönen Blätter meiner Freundin, was taktlos war. Sie sah die Blätter als Vorwurf an, sie habe mir die Zeit geraubt. Bäume, macht bitte bald wieder Blätter.

2. Dezember 2014
Seltsam, dass man in den USA so verrückt ist nach Speck. Mittlerweile gibt es dort Zahnpasta und Kondome mit Speckgeschmack und auch ein Parfum namens Bacon.

Womöglich hat Speckaroma eine inspirierende Wirkung, so wie der faule Apfel in Schillers Tisch. Schillers Frau Charlotte sagte, dass die Schieblade immer mit faulen Äpfeln gefüllt seyn müsse. Mal angenommen, Schiller hätte eine Schreibfeder mit Speckgeschmack verwendet, wäre sein Schreiben dann anders herausgekommen? Vielleicht hätte er »Das Lied von der Schwarte« geschrieben. Oder statt eines Apfels ein Stück Speck auf Walter Tells Kopf gelegt. Das sind lediglich Mutmaßungen. Germanisten müssten das klären.

1. Dezember 2014

In England hat kürzlich eine Frau sich selber geheiratet. Erst hat sie auf einer Parkbank um ihre Hand angehalten und Ja gesagt. Dann ist sie mit sich selbst vor den Altar getreten, hat sich vor fünfzig Gästen Treue gelobt und versprochen, auch an schlechten Tagen für sich zu sorgen. Dann hat sie sich auf einem Spiegel geküsst. Selbstheiraten sind staatlich nicht anerkannt, aber das ist nicht der Grund, warum ich mich nicht heiraten möchte. Ich liebe mich einfach nicht so wahnsinnig. Ich müsste dauernd an mir rummäkeln. Wie siehst du heute bloß aus? Wie kannst du bloß so einen dümmlichen Film anschauen? Was hast du nur für unschöne Gedanken? Wenn ich meinen Hochzeitstag vergessen hätte, könnte ich nicht einfach die Tür zuschmettern und mir selber davonlaufen. Es wäre ziemlich furchtbar. Es gibt auch Leute, die heiraten einen Gegenstand. Eine Amerikanerin hat mal den Eiffelturm geheiratet. Was für ein wunderbares Spektakel, wenn ihr der Eiffelturm davonliefe.

23. September 2014

Wenn's kälter wird, und das tut's gerade, fällt mir jeweils die Frau ein, die mal mit mir in Winterthur auf den Bus wartete. Nur sie und ich standen an der Haltestelle, und das Warten dauerte. Ich merkte wohl, dass die Frau ein Gespräch anfangen wollte, aber mir war nicht danach, und ich drehte mich zur Seite. Sie aber gab nicht auf und sagte nach einer Weile laut und deutlich: »Es wird kälter«, und als ich nichts erwiderte, sagte sie: »Man merkt's an der Temperatur!« Wie absurd das war, schien sie nicht zu merken. Ich ließ mein Gelächter nicht nach draußen, sondern blieb weiterhin still, was mir im Nachhinein ein bisschen leidtut. Da will jemand schon fast verzweifelt mit mir ins Gespräch kommen, und was tu ich, ich steig einfach in den Bus, der endlich da ist, und setz mich. Natürlich auf einen Einersitz.

22. September 2014

Ich lese News auf dem Handy: *Türkei empfängt Flüchtlinge mit Träne* – wie schön, ein Land weint eine Träne. Was für eine wunderbare Anteilnahme. Was für eine Hoffnung im Leid. Mein Finger tippt die Schlagzeile an, woraufhin diese in ganzem Umfang erscheint: *Türkei empfängt Flüchtlinge mit Tränengas*. Was zischt denn da? Ach so, das war nur meine entweichende Euphorie. Man soll eben nicht alles auf den ersten Blick glauben. Ernüchtert lese ich weiter. Und da steht es nun genauer: Das Tränengas galt türkischen Kurden, die im allgemeinen Durcheinander von der Türkei nach Syrien wechseln wollten, um gegen den IS zu kämpfen. Derweil 130'000 kurdische Syrer um Einlass in die Türkei baten. Seit 2011 sind 1,5 Millionen Menschen aus Syrien in die Türkei geflohen. Zahlen: trocken. Tränen: nass.

21. September 2014
Sonntagabend, ich eile durch die Bahnhofhalle, den Kopf randvoll mit einem wunderbaren Film, den ich soeben im Kino gesehen habe. Boyhood heißt er und schildert das Aufwachsen eines Jungen zwischen sechs und neunzehn. So eine geballte Ladung von Sinn und Unsinn wird einem in jenen Jahren aufgedrängt, denke ich, im Alter hat man dann Ruhe. Da zupft mich ein junger Mann am Ärmel und drückt mir ein Broschürchen in die Hand, »Tag des Friedens heute«, sagt er, »viel Glück noch!« Das ist nett. Nett sind auch die 21 Ratschläge in der Broschüre, die mir ein besseres Leben versprechen. Da heißt es zum Beispiel »Halten Sie Ihre Zähne instand« (Ratschlag 1) oder »Morden Sie nicht« (Ratschlag 8). Das empfiehlt mir L. R. Hubbard. Also gut, meinetwegen, dann halt – ich werd mir das Morden verkneifen.

20. September 2014
Gärtnern ist eine absurde Angelegenheit. Da rupfe ich Grasbüschel aus, die zwischen den Steinplatten wachsen, oder gehe wie ein Drache mit einer sengenden Flamme drüber. Dabei ist Gras durchaus schön. In der Dichtung wird ihm gehuldigt. Walt Whitman schrieb in »Grass Leaves«: »I lean and loaf at my ease, observing a spear of summer grass ...« Und ich reiß es aus. So wie das Hirtentäschl, den Giersch, die Ackerwinde, das kriechende

Fingerkraut. Sie sind allesamt nicht hässlich, sie blühen
hübsch, und giftig sind sie auch nicht. Aber raus mit
ihnen. Rein darf dafür anderes ... Kapuziner und Mohn
und Akelei. Es gibt eben Kraut und Unkraut. Art und
Unart. Sinn und Unsinn. Gar und Ungar. Ke und Unke.

20. September 2014
Angenommen, es gäbe ein Paradies und ich stünde davor
und hätte gern Eintritt. Angenommen, ich würde gefragt,
was ich vorzuweisen habe. Nun, ich könnte zum Beispiel
sagen: Oh, ich bin Schweizerin und habe ein Parlament
gewählt, ist doch was, oder? Das Parlament sorgt sich um
die Menschen. Neulich hat es den Bundesrat beauftragt,
die Regeln für die Ausfuhr von Kriegsmaterial zu lockern.
Damit wird die wirtschaftliche Situation der Rüstungsindustrie verbessert. Diese hat gelitten, weil weniger Waffen
ausgeführt worden sind, weil die Zahl neu bewilligter
Waffenlieferungen zurückgeht, weil mehrere Betriebe
Stellen abbauen. Ist doch was, oder? Ich habe als Wählerin
mitgeholfen, die Leiden der Rüstungsindustrie zu lindern.
Darf ich jetzt reinkommen?

18. September 2014
Heute früh im Wald. Pilze, Pilze, Pilze, die hellen wie
Lichtsprenkel unter den Bäumen. Die Schopftintlinge am
Wegrand hat jemand umgekickt. Komm, wir gehen Pilze
verschlachten, hat früher mein Enkel gesagt. Wir gingen,
und er kickte, und ich dachte, das sollte er nicht, und
ich müsst es ihm beibringen, doch ich schwieg, es sah so
lustvoll aus. Man sagt, etwasaa,swöp^20schiqwopie^'2 .....

jetzt ist die Katz über die Tastatur gelaufen ... Man sagt, etwas schieße wie Pilze aus dem Boden, aber bitte, aus was sollen die Pilze denn schießen, wenn nicht aus dem Boden, etwa aus der Luft? Redewendungen sollte man jeweils genauer überprfhgj-.<-,x-14854398jfm ..... schon wieder die Katz. Besser, ich fass mich kurz: Die Schotten haben zur Unabhängigkeit nein gestimmt. Die Zürcher Hochschulen beantragen Versuchsaffen. Und Herbst ist angesagt.

17. September 2014
Keine schönen Fragen: Will ich in der Zeitung sehen, wie ein amerikanischer Journalist von einem IS-Mann geköpft wird? Will ich sieben abgeschlagene Köpfe sehen, die ein IS-Mann auf einen Zaun gespießt hat? Will ich acht gekreuzigte Syrer sehen, die wegen »Abfall von Glauben« sterben mussten? Will ich diese Bilder im Kopf? Kann ich sie aushalten? Wem nützen sie was? Den Mördern, den Opfern, der Zeitung? Warum wird das Gesicht des demnächst Geköpften verpixelt? Finde ich sein Leiden etwa weniger schlimm, wenn ich sein Gesicht nicht sehe? Warum sind dann in den Kirchen die Gesichter auf den Heiligenbildern nicht verhüllt? Warum wird dort gezeigt, wie Sebastian dreinschaut, wenn er sieben Pfeile im Leib hat? Und wenn ich die Opfer nicht auf Bildern sehe, sondern nur von ihnen lese, ist das besser? Was ist gut? Und vor allem: Was ist böse?

10. September 2014
Leute, die gerne Todesanzeigen lesen, schauen sich andernorts auch gerne Friedhöfe an. Ich bin eine von den

Leuten. Kürzlich habe ich in einem Tessiner Friedhof
das Grab von Metusalemme gesehen. Ein Kind Metusalemme zu taufen geschieht wohl in der Hoffnung,
dass es ein biblisches Alter erreicht, nämlich ein paar
Hundert Jahre. Der Tessiner Metusalemme wurde nur
etwas über siebzig, vielleicht hat ihn Vater oder Mutter
sogar überlebt. Friedhöfe sind eine Deponie zerfallener
Hoffnungen. Am Tag nach der Begegnung mit Metusalemme stieß ich in einer Zürcher Zeitung auf die
Todesanzeige von Stephan. Er wurde neununddreißig
und bedankt sich bei allen, die ihn in seinem Leben
mal zum Lachen gebracht haben. Viel trauriger geht es
nicht.

7. September 2014
Hat jemand mal beschrieben, wie es ist, in ein frisches
Rübchen zu beißen? Rübchen, nicht Bübchen. Also das
orangerote Ding, das gerade eben aus der Erde gezogen
und im kühlen Wasserstrahl geputzt worden ist? Wie
bitte? Niemand? Immer ich. Gäb doch Bessere. Also dann
halt: Die Zähne stoßen auf Widerstand, angenehm, weil
nicht zu hart, der finale Durchbiss erfolgt mit deutlichem
Knackton, ziemlich laut, weil nah am Ohr. Und gleich
danach füllt sich die Mundhöhle mit diesem erdigkarottigen Aroma, unvergleichlich, oder weiß vielleicht jemand
einen Vergleich? Niemand? Hab ich mir gedacht. Beim
Schlucken überfällt einen gleichzeitig die Dankbarkeit
für die Existenz des einzigartigen Geschmacks und die
Gier auf mehr, bitte. Kann das jemand bestätigen? Niemand? Auch egal.

1. September 2014
Dieser Tage stand in der Zeitung, ein 0.5 auf 2 cm großes Stück blaues Leder sei zur Versteigerung ausgeschrieben. Auf dem Leder sind Blutspuren, es stammt aus der Limousine, in der John F. Kennedy 1963 erschossen wurde. Das Auftaktangebot beträgt 1000 Dollar. Ich könnte mir das leisten. Ich könnte es rahmen lassen und überm Sofa aufhängen. Aber wenn schon so was, würde ich eigentlich lieber das Stückchen Heftpflaster meines kleinen Enkels aufhängen. Auf dem Pflaster sind Blutspuren nach einer leichten Schürfung am Knie. Meinen Gästen könnte ich es als Symbol für den ungeheuren Wagemut der Jugend präsentieren. Im Wiener Auktionshaus Dorotheum ist kürzlich für 9375 Euro eine Zierdecke versteigert worden. Sie stammt vom Sterbediwan aus dem Todeszimmer in Sarajevo und zeigt Reste von Blutflecken des Thronfolgers. Blut ist immer gefragt.

31. August 2014
Letzter Augusttag. Wieder ein schwerer Mantel aus Feuchtigkeit. Kein Sommer war's, nur wochenlanges Warten, ob's Sommer wird. Kein Glühen, kein Flirren. Kein Sommer für wilde Gedichte. Trotzdem blüht es im Garten weiter, nahezu trotzig. Noch trotziger reifen die Kürbisse, liegen knallbunt in der Nässe. Gesprenkelte Bohnen hängen wie lange Kommas in der wirren Schrift des Laubs. Unkraut macht sich klammheimlich breit, der Stechende Gichterling, die Gemeine Rheuminie und allerlei duftlose Arthrosen. Besser nicht hinsehen und schon gar nicht anfassen. Die verschwinden wieder. Das

weiß man seit Paracelsus. Und irgendwann sehen wir über uns wieder eine unglaublich makellos blaue Kuppel. Das weiß man seit Adam und Eva.

30. August 2014
Ein alter Bahnhof in einer norditalienischen Stadt. Geleise, die kaum mehr befahren werden. Architektonische Großartigkeit, die längst vergessen ist. Eine Biglietteria, die meistens geschlossen ist. Und ein Ristorante, auf das man nur per Zufall stößt. Aber da sitzen sie noch, die Menschen von gestern, an weiß gedeckten Tischen, mit einer Manier von gestern: Wer hereinkommt, wird nickend begrüßt. Die Gäste waren mal größer, als der Bahnhof noch glänzte, inzwischen sind sie geschrumpft, weil alt. Der Abstand vom Kinn zur Tischkante beträgt etwa fünfzehn Zentimeter. »Praktisch«, sagt O. Auch der Kellner ist nicht mehr jung, möchte hinken, tut's aber nicht. Am Hinterkopf hat er eine kahle, verletzliche Stelle in Lindenblattgröße. Er bringt uns Pasta für dritte Zähne und ein Lächeln, das für einen ganzen Tag reicht.

29. August 2014
Ob Wissenschaftler auch mal träumen von den Mäusen, die sie manipulieren? Wär doch eigentlich mehr als recht. Kürzlich haben sie ins Mäusehirn eine Glasfaser eingesetzt, um Neuronen mit Lichtblitzen an- oder auszuschalten. So lassen sich, sagen die Neurowissenschaftler, schlechte Erinnerungen löschen. Der Mäuse-Hippocampus im Mäusehirn speichert alsdann die Mäuse-Angsterlebnisse nicht weiter. Die Maus muss somit nicht

zum Psychiater, um ihre posttraumatischen Belastungsstörungen und Phobien behandeln zu lassen. Sie muss auch keinen Roman verfassen, um ihre Kindheit zu verarbeiten. Und sie gibt die Peitschenschläge, die ihr der Mäusevater mit seinem Schwanz verpasst hat, nicht an ihre vielen Jungen weiter. Erinnerungen-löschen-Lassen wird vielleicht mal ein lukratives Business. Man sollte schon jetzt in Glasfasern investieren.

28. August 2014
Ich habe ein bisschen Ordnung gemacht bei unseren CDs. Auf einer Schachtel steht in meiner Schrift: Das ist die CD, die lief, als P. im Sterben war. Ich kann mich nicht an die Musik erinnern. Ich weiß noch, wie ich P.s Hand hielt, als sich ihr Atem veränderte. Wie ich ihr sagte: Du darfst loslassen. Wie ich ihr sagte: Flieg auf deinen Lindenbaum. Dass dazu Musik lief, war mir nicht bewusst. Mozart, Klavierkonzerte No. 12, K. 414, No. 13, K. 415, Philharmonia Orchestra, Vladimir Ashkenazy. Ich habe mir die CD nie mehr angehört, achtzehn Jahre lang, und ich werde sie mir auch weiterhin nicht anhören. Nichts gegen Mozart. Nichts gegen Ashkenazy. Er war ein wunderbarer Pianist, ich hab ihn mal in der Tonhalle Zürich erlebt. Auch P. war dabei. P. war meine Mutter. Ich frage mich, wohin sie weitergeflogen ist, damals, vom Lindenbaum aus.

27. August 2014
Die linke Brust ist eine pralle weiße Kugel, die rechte wohl auch, aber verdeckt vom Gewand. Madonna zeigt,

was sie hat. Nicht die Sängerin, nein – die Heilige Maria.
Sie reicht dem Kind die Brust. Im romanischen Kirchlein
von Miglieglia, so um 1500, wurde die weiße Kugel fürs
gläubige Volk gemalt und zur Schau gestellt. Da schaut,
wie die Milch strömt für unseren Erlöser. Seltsam, eigentlich hätte ich vermutet, Marias Busen sei tabu. Hieß
es doch immer, sie sei irgendwie vom Heiligen Geist
geschwängert worden und dabei irgendwie Jungfrau
geblieben. Und nun tritt sie in dem Kirchlein auf und
scheut sich nicht zu zeigen, dass sie Körpersäfte hat wie
andere Frauen und eine Brustwarze, die weh tut oder
angenehm prickelt, wenn Jesus zu saugen anfängt. Ja, was
sagen denn da die Herren in Rom? Bitt für uns?

18. August 2014
Das beste Theater ist das Umsonsttheater. Und man hat
erst noch den teuersten Platz, nämlich direkt neben,
vor oder hinter den Hauptdarstellern. Zum Beispiel im
Tram: »Vater hat gesagt, ich soll mir eine Frau suchen«,
sagt ein junger Mann zu seinen Kumpels, »aber nur
von Rom an aufwärts.« Oder im Laden: »Hoffentlich
hab ich dafür noch Platz im Geschirrschrank«, sagt
die Kundin zur Frau an der Kasse. »Sonst werfen Sie's
einfach aus dem Fenster«, sagt diese. Oder im Zug:
In Arth-Goldau steigt eine Familie ein. Die Frau sagt
nichts. Der Mann sagt nichts. Das Kind sagt nichts.
Bis Bellinzona. Oder auf dem Bahnhof: Zwei gehörlose
junge Frauen reden lebhaft miteinander. Man versteht
sie, wenn sie lachen. Oder in der Spitalkantine: Zwei
Männer in weißen Schürzen essen Teigwaren und reden

über Probleme beim Leichentransport. »Starr nicht so«, sagt mir O. jeweils in solchen Theatern.

13. August 2014
Ein Wind fährt ein, er war nicht angemeldet, spielt dreist mit Büschen, mit Bäumen, rollt durch den Wald, hin, her, legt die Wipfel flach, bläst die Blumenstauden um, zieht sie wieder hoch, mögen die das? Es ist ein warmer Wind, ich stell mich hin und lass mich beflattern, von Luftfingern massieren, beinah fliegen meine Haare davon. Blätter wirbeln wie im Herbst, kein Wind mehr, schon fast ein Sturm, fegt jetzt ums Haus, fegt immer schneller um alle vier Ecken, und das Haus löst sich sanft vom Boden und hebt schwankend ab. Grad im letzten Moment kann ich aufspringen und übers Balkongeländer klettern. Noch nie hab ich so viel Boden unter den Füßen verloren, ein merkwürdig schönes Gefühl ist das. Tief unten seh ich unseren Keller, der ist zurückgeblieben, nun brauch ich den nicht mehr aufzuräumen.

11. August 2014
»Sie dürfen hier Platz nehmen«, sagt die Helferin in der Arztpraxis. »Sie dürfen den Ärmel etwas zurückrollen. Ja, sehr schön. Und nun dürfen Sie die Faust machen.« Ich tu, was ich darf, und dann schau ich zu, wie mein Blut in die Spritze fließt, ich weiß, dass ich welches hab, und doch ist es immer wieder erstaunlich, wenn da so was Dunkelrotes daherkommt. »Sie dürfen die Faust wieder öffnen«, sagt die Helferin und drückt mir ein Stückchen Gaze auf den Einstich, das ich halten darf. »Sie dürfen

mir das wieder geben«, sagt sie und wirft die Gaze in den
Eimer. »Sie dürfen dann noch Wasser lassen«, sagt sie.
Eigentlich möchte ich lachen, aber ich weiß nicht, ob ich
das darf, vielleicht schon, vielleicht darf man hier einfach
alles. »Nun dürfen Sie auf die Waage steigen«, sagt sie,
»die Schuhe dürfen Sie anbehalten.« Dann darf ich im
Wartezimmer wieder Platz nehmen. Ist das Leben nicht
herrlich, wenn man so viel darf?

10. August 2014
Das Hirn macht gern kleine Sprünge, drum fällt mir bei
Google Gogol ein, dessen absurde Erzählung »Die Nase«
ich mal gelesen habe, und nun sagt mir Google, dass
Gogol eine übermäßig lange, spitze Nase hatte, zudem
schlechte Haut, und dass er dünn, klein und krumm
gewachsen war. Ein als hässlich bezeichneter Mensch, der
mit 43 nicht mehr leben wollte und sich zu Tode hungerte.
Weiter sagt Google, wie modern es anmute: das Groteske
und Surreale in Gogols Werk. Da fällt mir Lichtenberg
ein, der Bucklige, mit seinem glasklaren Witz und seinem
listigen Tiefsinn. Vielleicht gibt es ja einmal eine Anthologie: »Die schönsten Texte der unschönsten Autoren«.

9. August 2014
Seit 1998 gibt es Google und damit ein neues Zeitalter,
das Googelium. Die Lexika des Prägoogeliums sind
bereits am Versteinern. Wer heutzutage wissen will, wie
Erzherzog Franz Ferdinands Mörder hieß und wie Hitlers
Hund und wie viele Wirbel ein Frosch hat und wie viele
Perlen ein Rosenkranz und ob Borretsch eine Suppe ist

und nichtsdestotrotz ein Konjunktionaladverb, der googelt. Der Name, heißt es, ist abgeleitet von Googol, das ist eine Eins mit 100 Nullen, was bedeuten soll, dass Google sehr viel beinhaltet, inzwischen weit über 1 Billion URLs. Was URLs sind, kann man googeln. Ich google jeden Tag, so wie ich Zähne putze. Gerade eben habe ich Anagramme meines Namens gegoogelt. AKNE LIGA ist ein schöner Vorschlag, aber weil ich altersmäßig nicht mehr zur Akne-Liga gehöre, bin ich lieber die ALGE INKA.

6. August 2014
Aus dem Autofenster habe ich ein Bündel gesehen, einen länglichen Haufen mit einem blauen Tuch drüber. Es war ein Samstagmorgen, neun Uhr, unter dem Bündel bewegte sich was, zwei Menschenköpfe waren kurz sichtbar. In der Nacht hatte es geregnet. Die lagen da im Halbschlaf, auf einem Grasstreifen neben der Straße, wahrscheinlich wollten sie am Nachmittag an die Street Parade und konnten sich kein Zimmer leisten. Sie taten mir ein bisschen leid in ihrem feuchten Nest. Ich fuhr zur Post und vergaß sie. Auf dem Rückweg sah ich das Bündel wieder. Da lagen sie also immer noch, das blaue Tuch bewegte sich leicht. Anscheinend hatten sie es gut, die beiden, gaben einander Wärme und wohl sonst allerlei, und der Rest der Welt war ihnen völlig egal. Aus meinem »ein bisschen leid« wurde ein bisschen Neid.

5. August 2014
Heute früh im Wald: Die Rehe waren wieder da, Mutter mit Kind, rehbraun, wie denn sonst. Beinah hätte ich

sie übersehen, so reglos waren sie, blickten zu mir. Wie immer blieb ich stehen, fing an zu sprechen. »Da seid ihr ja wieder, ihr Schönen. Keine Angst, ich bin's bloß. Guten Morgen. Wie geht's euch? Schön seid ihr, ihr Schönen. Hallo Mutter, hallo Kind.« Sie blickten zu mir, rührten sich nicht, und ich bewegte nur den Mund, wollte sie keinesfalls erschrecken. Nach ungefähr zehn Beteuerungen, wie schön sie seien, fiel mir nichts mehr ein, was ich ihnen hätte mitteilen können. Zahnarzttermin, Schulreform, Bankenkrise – passte alles irgendwie nicht. Also hob ich den Fuß und lief weiter und kam mir ein bisschen undankbar vor. Da sieht man am Stadtrand von Zürich zwei wunderbare Wesen und lässt sie einfach stehen ...

4. August 2014
Ja, es war schön in Holland bei den Friesen, ein sehr großer Himmel und darunter alles so aufgeräumt, auch die Stimmung. Die Bäume standen in einer Reihe, die Häuser auch und die Windturbinen, die Maisfelder waren gerade, auch die Kanäle und die Schilfgürtel, die Gänse flogen präzise ihren Keil, die Frietjes waren gleich lang und die Pannenkoeken bündig mit dem Tellerrand. Nichts lag schräg in der Gegend rum, auch der Regen fiel schnurgerade. In dem Augenblick, als ich das dachte, standen sogar die Kühe genau nebeneinander. Nur die Wolken, die waren recht unordentlich.

3. August 2014
Flughafen Zürich. Ziehe meinen kleinen Koffer Richtung Ausgang. Es war schön in Holland, aber jetzt nichts

wie nach Hause. Wüssten die Katzen, wie, würden
sie mich vielleicht abholen, die zwei Schwarzen, die
Schwanzspitzen aufrecht und leicht zitternd. Nein, nichts
zu verzollen. Vor mir geht ein Mann, langer Kerl, in
der einen Hand eine Tasche, in der anderen ein rundes
buntes Ding. Nun legt er die Hand mit dem Ding auf
den Rücken, so dass man es nicht sehen kann, wenn
er draußen vor die wartende Menge tritt. Es ist ein
Riesenlutscher, fast melonengroß, mit Stiel. Er wird ihn
in die Höhe strecken und dann jubelnd umarmt werden –
schön, bist du da! Lächelnd wird er die Gigasüßigkeit
überreichen, seinem Kind oder seiner Geliebten. Da bin
ich wieder, küss mich! Aber niemand eilt auf ihn zu. Er
steht da und schaut sich fragend um. Ich blicke zurück,
hoffend, dass er nicht mehr allein ist. Aber er steht immer
noch da und lässt den Lutscher hängen. Niemand hat ihn
abgeholt, nicht mal eine Katze.

2. August 2014
Ich eilte in Schiphol, Amsterdams Flughafen, zum Gate,
nahm im Augenwinkel ein Wort wahr und blickte kurz
zurück. RITUAL hieß das Wort, stand über einem
Kosmetikshop, und ich wusste sofort, wo ich es schon
einmal gesehen hatte: im Fernsehen, in einem Bericht
über den Absturz der Boeing 777 in der Ostukraine. Am
17. Juli war die malaysische Maschine in Amsterdam
gestartet und nach drei Stunden in 9100 Meter Höhe
auseinandergebrochen. Auf dem Trümmerfeld hatte
jemand ein paar Habseligkeiten zu einem Haufen zusam-
mengetragen, unter anderem eine Einkaufstüte mit dem

Logo RITUAL, weiß auf schwarz. Was in der Tüte war, hatte mal Schönheit oder Wohlbefinden versprochen, nun machte die kleine Habseligkeit niemanden mehr selig. 298 Menschen tot, darunter 80 Kinder, abgeschossen mit Boden-Luft-Raketen. Ein Flugzeug, das wohl beim Start mit reichlich Freude beladen war.

24. Juli 2014
In Australien gibt es eine Echse namens Shingleback Skink. Wenn Herr und Frau Skink mal Kinder gezeugt haben, bleiben sie ihr Leben lang zusammen. Und das kann zwanzig Jahre dauern. Sogar über den Tod hinaus lassen sie nicht gleich voneinander. Man hat beobachtet, wie ein Skink seinem von einem Auto überrollten Partner nicht von der Seite wich. Sachte schubste er den Toten immer wieder an. Von so fremd anmutenden Wesen würde man das nicht ohne weiteres vermuten. Ja, auch so was sieht man im Fernsehen und dann wieder diese Bilder, von Kindern, die im Flugzeug über der Ukraine abstürzten …, die am Strand von Gaza beschossen und getötet werden …, die in Lampedusa aus den Schlepper-Booten taumeln …, die im Kongo mit Gewehren ausgerüstet werden …. Was gibt es da überhaupt noch zu sagen – ach so: Tannzapfenechsen heißen die Skinks auf Deutsch.

23. Juli 2014
Vor kurzem war es noch so, dass man beim Warten im Bahnhof Stettbach auf Kunst von Gottfried Honegger blickte. Wandreliefs aus emaillierten, dreieckigen

Metallplatten in Beinahgrün, Altgelb, Dumpfdunkelrot ... Kunst hat Funktion, gilt für die Konkreten, und so sind Reliefs Pfeile, stadteinwärts hinter dem einen Gleis, stadtauswärts hinter dem anderen. Wer den Anblick nicht mag, kann sich nicht einfach umdrehen, er sieht auf der anderen Seite dasselbe. Die unterirdische zugige Haltestelle ist öde, und das Werk des berühmten Künstlers machte sie noch öder, gab ihr die Ausstrahlung einer Abdankungshalle. So weit mein Geständnis: Ich bin ein Kunstbanause. Aber es kommt noch schlimmer: Auf des Künstlers Tafeln sind nun Graffiti, diese unlesbaren Buchstabenwülste, und – Schande – das ärgert mich nicht, sondern freut mich. Nachts zwischen ein und fünf Uhr müssen sie wie wild gearbeitet haben, die üblen Sprayer, und sie haben's gut gemacht: farbsicher, konsequent, schon fast mit Stil.

22. Juli 2014
Wenn Fräulein Brun, meine Sechstklasslehrerin, sich aufs vorderste Pult setzte und ihr braunes Kleid kurz anhob, sah man eine erstaunlich lange Unterhose, die ging fast bis zum Knie. Sie ist halt alt, dachte ich. Damals war sie gerade mal vierzig, hat man mir später gesagt. Ja, wissen Sie, wir sind halt jung, sagten die Schüler, denen mein Deutschunterricht nicht passte. Damals war ich gerade mal einundzwanzig, also so uralt nicht. Du tust bald toten, sagte Enkel B. zu mir, als er drei war. Damals war ich gerade mal dreiundsechzig, die Absicht, bald zu toten, hatte ich nicht. Wenn du mal fünfzig bist, sieht Europa vielleicht anders aus, sagte ich zu meinem Sohn.

Damals war er gerade mal zwölf und Landkartensammler. Inzwischen ist er fünfzig, Europa sieht ein klein bisschen anders aus und wir auch. Nur die Zeit, die bleibt wie immer, während wir um sie herumrennen.

19. Juli 2014
Die Katz liegt an der heißen Sonne, ist ein schlaffes Lümpchen, liegt da wie tot. Im vollen Licht wirkt ihr schwarzes Fell braun. Katz, sage ich, ich seh dich atmen. Ist das nicht irgendwie erstaunlich, dass du und ich am Leben sind? Grad hier und jetzt? Auf diesem Quadratmeter auf diesem Ding namens Erde? Die Katz rührt sich nicht. NASA-Wissenschaftler sind überzeugt, dass wir nicht allein im Universum sind, hörst du, Katz? In den nächsten zwanzig Jahren wollen sie es beweisen, hörst du, Katz? Dann atmen wir beide wahrscheinlich nicht mehr. Deine elf Katzenjahre entsprechen 65 Menschenjahren, heißt es. Bist also ein bisschen jünger als ich, Katz. Jetzt bewegt sich ganz sacht der dünne Pinselschwanz. Dann pinselt die Katz ein paar Wörter in die Luft. So etwas wie: Schon gut, und jetzt lass mich.

18. Juli 2014
Am Postschalter gibt der Mann vor mir seinen Namen bekannt, ich höre mit. Der Name des Mannes bedeutet: »Kleine Hose« auf Schweizerdeutsch. Obwohl der Name ganz nett klingt, möchte ich nicht so heißen. Von hinten sieht der Mann so ungefähr sechzigjährig aus. Ich frage mich, wie er fünf Dutzend Jahre lang mit seinem Namen

zurechtgekommen ist. Spielt der Name überhaupt eine
Rolle? Bildet der Name den Menschen mit? Und wenn
sich die Leute umtaufen könnten, welche Namen würden
sie dann wählen und warum? Würde der Mann vor mir
sich eher Füglistaller oder Lavendel nennen wollen?
Gut, dass die Pflanzen nichts von ihren Namen wissen.
Der Knollige Kälberkropf etwa. Der bringt so oder so
jeden Sommer seine weißen holden Dolden zustande.
Endlich ist »Kleine Hose« auf Schweizerdeutsch abgefertigt, und ich bin dran. Die Postbeamtin trägt ein
Namensschildchen.

17. Juli 2014
Vor zwei Wochen hatten die Malven erst grüne Knöpfe.
Was für eine Farbe darin steckte, war ein Geheimnis.
Jetzt sind sie nach und nach aufgegangen und zeigen
so verschiedene Rottöne, dass mir die Farbbezeichnungen fehlen. Da gibt es ein Rosa zu benennen, das
nur so schwach ist wie ein Anflug von Verlegenheit auf
blasser Haut. Oder das Rosa eines Unterrocks aus dem
Brockenhaus (hat O. gesagt). Oder das Rosa von Wangen
in einem jungen Gesicht. Oder das Rosa von Wein mit
Wasser. Oder das Rosa, das gern Rot sein möchte. Oder
das Rot von Wandersocken. Und das dunklere Rot von
Trinkernasen. Und das Rot mit Sauerkirschnote und
fruchtig im Abgang. Und da gibt es noch das tiefdunkle
Dunkelrot, das schon beinahe Schwarz ist. Die schwarze
Malve ist die vornehmste von allen, zumindest tut sie
so. Hummeln machen einen Knicks, bevor sie bei ihr
eintreten.

15. Juli 2014
Ein neuer Pass ist fällig. Biometrisch muss er jetzt sein.
Im Kantonalen Passbüro muss ich mich erfassen lassen,
muss mich in eine Zelle setzen und tun, was mir die
Stimme der Schalterbeamtin durchs Mikrofon sagt.
Erst wird ein Foto gemacht. Ich darf es mir auf dem
Bildschirm ansehen. Gefällt es Ihnen?, fragt die Stimme.
Nein, nicht. So sehen Verbrecherinnen aus. Auf einem
Passfoto darf man lächeln, sagt die Stimme. Also lächle
ich. So sehen angehende Verbrecherinnen aus. Jetzt sind
die Fingerabdrücke dran. Gehorsam drücke ich die beiden
Zeigefinger auf die gewünschte Stelle. Das bisschen
Lust, die Finger zu kreuzen oder statt der Zeige- die
Mittelfinger zu nehmen, ist gleich verflogen. Jetzt muss
ich noch die Unterschrift auf einen Bildschirm schreiben.
Zufrieden?, fragt die Stimme. Nein nicht. Das sieht aus
wie eine Fälschung. Wahrscheinlich wird man mich
verhaften, wenn ich aus der Zelle trete. Nein, nicht. Ich
darf ohne Fußfessel nach Hause gehen.

13. Juli 2014
In Mosambik gibt es Sprengstoffratten. Sie haben eine
Ausbildung in Tansania hinter sich, mussten lernen, TNT
zu erschnuppern, bei Erfolg gab's Bananenbrei. Eine
ausgebildete Ratte trabt dann angeleint in Mosambik über
die Felder und scannt das Gelände nach Minen ab. Sie
selber ist zu leicht, um eine Mine auszulösen. »Da ist was«,
sagt sie einfach mit ihrem kleinen Körper, worauf sich ein
Mensch mit Detektor an die entsprechende Stelle begibt,
und die Mine wird zur Explosion gebracht. Obwohl der

Bürgerkrieg 1992 zu Ende ging, ist das Land noch völlig vermint. Um ein Feld von 10 auf 20 Meter abzusuchen, braucht die Ratte zwanzig Minuten, ein Mensch hingegen – der benötigten Vorsicht wegen – zwei Tage. Es ist beeindruckend, wie gut die Ratten das Suchen von Minen gelernt haben. Fürs Fabrizieren und Verkaufen und Legen von Minen sind sie hingegen viel zu dumm.

12. Juli 2014
Regengott möchte ich nicht sein. Mal soll er regnen lassen, mal nicht. Ja, was jetzt? Schlecht definierte Managementaufgaben werden in der Wirtschaft vermieden. Hatten wir in Europa überhaupt mal so einen richtigen vollprofessionellen Regengott? Soviel ich weiß, war hier das Regnenlassen immer ein Nebenjob, zum Beispiel für Jupiter. Der durfte sich dafür Jupiter Pluvius nennen. Auch Thor war nur zum Teil fürs Regnen zuständig, er musste auch noch blitzen und donnern und sonstwie Eindruck machen. Für die Maya hingegen war's klar: Regengott Chac mit der Rüsselnase sorgte fürs Nass. Aber nur nach ein paar Menschenopfern. So was wäre ja dann übertrieben, nur weil meine paar Kohlrabi, Sellerie, Bohnen und Kürbisse ersaufen. Das muss ich einfach erdulden. Die von der Meteorologischen Zentralanstalt nehmen keine Gebete entgegen, die lassen sich nicht schmieren. Und so gießt es halt weiter, und die Schnecken lachen sich ins schleimige Fäustchen.

11. Juli 2014
Ich hab mal einen Juli gekannt. Julius hieß er wohl. Wir waren im selben Schullager. Er hatte Sommersprossen

und rötliches Haar, so Buben gab's später in Kinderbüchern, die sich um Lustigkeit bemühten. Der Juli war nicht lustig. Er war der Schnellste an den senkrechten Kletterstangen. Er ging auf Stelzen rückwärts die Treppe runter. Er lief ins Freie, wenn's gewitterte. Die Kapuze der schwarzen Pelerine zog er nie über den Kopf, auch wenn der Regen schnurdick fiel, dort hinterm Pilatus. Er tat alles mit ernstem Gesicht. Dass ich im Juli an Juli denke, ist Zufall. Schon lange hab ich nicht mehr an sein ernstes Gesicht gedacht. Ich weiß nicht, warum ich plötzlich wissen möchte, ob der Juli auch mit ernstem Gesicht einen Schulabschluss feierte, eine Frau verführte, ein Kind zeugte, einen Pokal entgegennahm oder einen jungen Hund begrüßte. Oder ob er es fertigbrachte, ohne zu lachen alt zu werden.

10. Juli 2014
Seit den Neunzigern bin ich ein anderer Mensch. Damals hat sich in mir – vermutlich in der Hypophysenloge an der Schädelbasis – ein neues Organ entwickelt: die Interphyse. Sie ist inzwischen voll ausgewachsen und ein zentrales Steuerorgan geworden, das mich ans Internet koppelt. Das heißt: Ich kann nicht mehr ohne Internet. Wird die Internet- Konzentration im Blut unterschritten, schüttet die Interphyse sofort W-W-W-Signale aus, und ich setze mich umgehend an den Computer, um mich neu zu regulieren. Das funktioniert bestens. Manchmal allerdings überfallen mich Ängste, wenn ich mir die Abgründe des Webs vorzustellen versuche, dieses unermesslichen und heimtückischen Netzes, in dem jeder

Pixel für immer hängen bleibt. Und doch lasse ich in ein paar Tagen meine frisch erstellte Website in das dunkle Universum fliegen. Die Interphyse ist schuld.

29. März 2014
Wofür ich dankbar bin:
Dass das Aufplatzen der Knospen nicht mit einem hörbaren Knall verbunden ist und ich somit ohne Dauergeknatter in meinem Märzgarten sitzen kann.
Dass ich von dem, was ich in der Morgenzeitung gelesen habe, am Mittag schon den größten Teil vergessen habe.
Dass ich mir im Schlaf nicht krampfhaft meine Träume merken muss, weil ich beim Frühstück nicht darüber abgefragt werde.
Dass meine Gedanken keinen QR-Code haben, den andere mit ihren Handys lesen können.
Dass ich jederzeit mit diesen Eintragungen aufhören kann, ohne dass ich über mich motzen muss.

28. März 2014
Rund um Tschernobyl, hab ich gelesen, kann das Totholz fast nicht zerfallen. Es gibt keine Totholzfresser mehr. Die sind wohl umgekommen im Katastrophengift. Alles zerfällt viel langsamer als anderswo. Die Laubdecke wird dicker und dicker. Jetzt fehlen dem Boden die Nährstoffe, die ihm sonst durch die Zersetzung organischen Materials zugefügt werden. Und noch was hab ich gelesen: Es gibt Leichen auf unseren Friedhöfen, die nicht verwesen wollen. Es heißt, die seien zu sehr mit Antibiotika und anderen Medikamenten angereichert. Was machen wir

denn da? Die Vorstellung, dass alles Tote für ewig liegen bleibt, ist nicht schön. Wenn sich Vergangenes nicht mehr verdrängen ließe vom Kommenden – nicht nur im Totenacker oder in Katastrophenerde, sondern generell –, wäre das das Ende von Leben. Durchs Fenster blicke ich auf den Baum in Nachbars Garten. Es ist ein Efeubaum, die Esche darunter ist nicht mehr zu erkennen. Im Efeu fliegen Tauben ein und aus und bauen ein Nest.

27. März 2014
In einem Text blockiert sein entspricht etwa dem Stillstand auf einer Wanderung. Der kann folgende Gründe haben: Ich bin zu einem Wegweiser gekommen und weiß nicht, welchem Pfeil ich folgen soll, dem langen oder dem kurzen Weg zum Ziel. Oder ich bin zu einem Wegweiser gekommen, und mein Ziel ist gar nicht angegeben. Oder ich liege vor dem Wegweiser am Boden und kann nicht mehr. Oder ich bin so unkonzentriert, dass ich meinen Rucksack in die Tiefe rollen lasse, und mein Vorrat ist weg. Oder es gefällt mir hier nicht, ich weiß nicht, soll ich überhaupt weitergehen? Oder ich merke, dass ich schon mal da war, und somit war der Aufstieg umsonst. Oder ein Unwetter kommt auf mich zu und sagt: Lass das Wandern besser sein. Und das Schreiben auch.

24. März 2014
Dass Champagner beim Öffnen der Flasche an die Decke spritzt, kann ich noch irgendwie nachvollziehen. Aber dann hört mein Physik-Verständnis auf. Physiker, die den

Weltraum erklären können, sind für mich außerirdische Wesen. Jetzt haben die doch am Südpol Signale von der Geburt des Universums aufgespürt, und zwar von den Sekundenbruchteilen nach dem Urknall. In jenen Bruchteilen einer Sekunde soll sich das All giga-gewaltig aufgebläht haben. Für Leute wie mich veranschaulichen die Physiker das so: Etwas von der Größe eines DNA-Moleküls hätte auf einen Schlag die Größe einer Milchstraße. Und den Nachhall jenes gewaltigen Big Bangs hatte man jetzt also gemessen: Schockwellen aus der Zeit von 14 Milliarden Jahren vor Angelika Waldis. Wenn die Männer vom Teleskop Bicep2 den Nobelpreis erhalten, werden sie vielleicht eine Flasche Champagner aufmachen.

23. März 2014

Ich liege im Bett und studiere. Wie hat der schon wieder geheißen? Hing dort an jeder Wand fast wie Atatürk. Manchmal hilft es, wenn man das Alphabet durchgeht: Fing der Name mit A oder B oder C an? Mit D oder E oder F? Seine Frau hieß Annemarie. Nein, Marianne. Nein, auch nicht, aber was mit M. Ging ja dann mit ins Exil. Und er hatte immer so mittelblaue Anzüge an. Und dieses Lächeln auf. Mit G oder H? Mir fällt einfach nur Ulbricht ein. Aber ich will den Blauen, den Nachfolger. Wie hat der schon wieder geheißen? War ja ein furchtbarer Mensch. Ist eigentlich gut, ihn zu vergessen. Ha…He…Hi…Ho… Honnegger. Stimmt irgendwie nicht ganz. Honnecker. Oder Honecker. Das ist es. Und sie heißt Margot Honecker. Lebt noch irgendwo in

Südamerika. Aber wie hieß er mit Vornamen? Mit A oder
B oder C? Eigentlich ist mir das ja so was von egal.

22. März 2014
Frau I. erzählt, sie sei am Räumen. Ihre Generation tue
sich schwer mit Wegwerfen. Frau I. ist so gegen achtzig.
In diesen Tagen hat sie die Küche geräumt, hat Gewürze
weggeworfen. Früher hatte sie große Einladungen mit
vielen Gewürzen. Tempi passati, sagt Frau I. Sie hat auch
ein Glas mit einer Zucker-Zimt-Mischung gefunden.
Als ihr Bub klein war, mochte er am liebsten Bießgrei.
Dass sie es so gesagt hat, hat sie nicht gemerkt. Und dazu
wollte der Bub Zucker und Zimt, welche er jeweils selber
umständlich mischte, bis das Verhältnis genau stimmte.
Heute ist der Bub zweiundfünfzig und Direktor einer
Bank. Ich glaube, es hat Frau I. geschmerzt, die Zucker-
Zimt-Mischung wegzuwerfen.

21. März 2014
Die Katz ist irritiert. Ich sitze neben ihr am Fenster,
sie schaut den Vögeln nach. Es ist viel los in der Luft,
Frühlingsanfang. Die Vögel steigen und sinken. Wie
Börsenkurse. Die Katz zittert leicht. Die Vögel machen
sich an den Nistkästen zu schaffen, Hausbesichtigung.
Na ja, zu groß, zu dunkel, zu lärmig, zu viel fließendes
Wasser oder zu viele Kakerlaken. Eine Meise fliegt vorbei,
den Schnabel übervoll mit Nistzeug. Das entspricht einem
Ikea-Fahrzeug voll mit noch nicht zusammengesetztem
Bett, Kissen, Pfulmen, Bettwäsche. Die Kinder sollen's
weich und schön haben. Warum sagt man: Hast du 'ne

Meise? Ich habe mehr als eine. Ist das schlecht? Die
Rotbrust ist besonders hübsch, ist die Blondine unter den
Gartenvögeln. Vielleicht machen die Rotbrustwitze. Ach,
wenn man alles wüsste.

20. März 2014
Die Krim gehört jetzt zu Russland. Dem Mutigen gehört
die Welt. Wem wird das Öl an den Polen gehören?
Die Frau gehört nicht mehr in die Küche. Die Schweiz
weiß nicht, was sich gehört. Der Klippschliefer gehört
in die Familie der Elefanten. Bärlauch gehört nicht an
einen Pesto. Kinder gehören ins Bett. Die Falkland
Inseln gehören zu England, seltsam, Grönland gehört zu
Dänemark, nicht umgekehrt. Die Nonne gehört Gott.
Gott gehört allen. Mein Bauch gehört mir. Hörbar
furzen gehört sich nicht. Ein Mord gehört bestraft. Zum
Geburtstag gehört eine Torte. Der Hund gehört nicht ins
Bett. Die Krim gehört jetzt zu Russland.

18. März 2014
Ach, dass die innre Schöpfungskraft
Durch meinen Sinn erschölle!
Dass eine Bildung voller Saft
Aus meinen Fingern quölle!
Das schreibt Goethe in »Künstlers Abendlied«. Der
Konjunktiv II zur Kennzeichnung findet sich nicht nur
in ausgebauten Konditionalgefügen mit Haupt- und
Nebensatz; er kommt auch in unabhängigen Sätzen vor.
Steht so in »Duden – richtiges Deutsch«. Deutsch zu
lernen, ach, wie mir das stänke und mich anschisse, wie

mein Zorn schwölle und mein Frohmut schwände, weil ich meinen Geist vergeblich mölke und mich belüde mit Scham und mich unter Schande begrübe, während ein Lehrer unermüdlich auf mich eindrösche. Ach, wenn ich dann doch noch alles kapöre, wie ich vor Stolz tröffe und für die Schönheit der deutschen Sprache würbe. Ist goethe eigentlich der Konjunktiv II von gehen?

16. März 2014
Ich habe für mein neues Buch wie geplant 26 Kapitel abgeschlossen, und ich weiß schon, wie ich diese Kapitel zusätzlich verknüpfen möchte. Aber erst kommt jetzt die Phase des Wiederlesens, ich muss mir einerseits das weitere Baumaterial aus den Kapiteln fischen und anderseits ändern, was fehlerhaft, fade, unschön, kraftlos und unlogisch ist. Ein bisschen Angst macht mir dieses Lesen des Texts, den ich vor fast zwei Jahren angefangen habe. War es ein Fehler, diesen Text anzufangen? War ich damals ein anderer Mensch? Einer, der besser oder schlechter schrieb? Gefällt mir heute, was ich damals erfunden habe? Mag ich die Figuren noch? Muss ich mich selber mit Schimpf und Schande vom Schreibtisch jagen? »Irgendwann nimmt er sich das Leben.« So fängt der Text an. Könnte schlechter sein, der Anfang. Na ja, dann wollen wir mal.

14. März 2014
Wie wir wohl wären, wenn wir nicht träumten. Wahrscheinlich gingen wir bald zugrunde, wenn wir nicht regelmäßig entladen könnten, was sich über die Tage

angesammelt hat. Eine faszinierende Gegenwelt, diese
Träumerei. Trotzdem mag ich nicht wissen, was andere
Leute träumen. In Büchern überfliege ich Träume sofort,
ein fremder Traum bringt mir nichts. Eine Ausnahme
ist Hieronymus Bosch. Woher nimmt der Mann
seine beklemmenden und belustigenden Bilder, diese
schön-scheußlichen Szenen? Immer wieder mag ich in
seine unwirklichen Realitäten tauchen. Er hat Himmel
und Hölle in einen Topf geworfen und dann sorgfältig
umgerührt. In meinem letzten Traum lag eine Katze
langgestreckt wie ein Mensch neben mir im Bett, dann
kam ebenso lang ein Hund dazu, und auf gleiche Art
legte sich noch ein Reh neben den Hund. Als wir zu
viert dalagen, rief ich O., er solle kommen und sich das
anschauen. Mit diesem Ruf weckte ich mich. Jetzt hab
ich auch einen Traum erzählt, Entschuldigung.

13. März 2014
Gestern hat der große Enkel beim Basketballspiel den
kleinen Finger ausgerenkt und einen Nachmittag im
Spital verbracht. Am Abend zeigt er das Röntgenbild:
Eines der drei Fingerglieder ist völlig verschoben,
steht so erbärmlich da wie ein geplagter Außenseiter.
Leichtes Schaudern. Was alles in unserem Innern lässt
sich so verschieben … Was alles nebst dem Skelett kann
irgendwie auseinanderdriften und nicht mehr funktio-
nieren … Alles. Einfach alles. Wir sind ein Haufen von
täglichen Kleinwundern. Wir sind ein Sack voller sich
permanent wiederholender Mirakel. Wir können nichts
dafür, wenn's klappt. Wir können nichts dafür, wenn's

nicht klappt. Wir sind ein Riesenbeutel voller Geheimnisse. Ich will nicht in den Beutel gucken. Will weder meine alten Fingerknochen noch mein altes Hirn sehen. Will bloß keinen Aufruhr im Beutel. Danke.

10. März 2014
Heute habe ich in einem Küchenschränkchen ganz zuhinterst vergeblich nach einer bestimmten Schale gesucht und habe stattdessen einen Schoppen gefunden. Einen was, bitte, kann man sich in Mecklenburg-Vorpommern fragen. Aber das ist mir jetzt egal. Ich habe nicht eine Trinkflasche gefunden, sondern einen Schoppen, nämlich jenen, nach dem der kleine Enkel verlangte, wenn er traurig oder aufgeregt war. Wetsch en Schoppe? Einmal nicken – und die Großmutter rannte. Einmal saugen – und die Welt war wieder im Lot. Inzwischen spielt der kleine Enkel Fußball, löst Dreisatzrechnungen, lernt Französisch und wird immer schlagfertiger. Aber wenn er mal nachdenklich aus der Schule kommt und mich merkwürdig still grüßt, würde ich gerne ein paar Jahre aus dem Fenster werfen und fragen: Wetsch en Schoppe? Damit er nicken und ich rennen könnte. Damit die Welt umgehend ins Lot käme. Damit die bösen Geister verschwänden: der Neid, der Ehrgeiz, die Angst, die Scham, die Schuld ...

8. März 2014
Sie waren am gleichen Tag in der gleichen Zeitung, aber auf verschiedenen Seiten: der Bericht über das gelockerte Waffenexportverbot und das Bild vom verletzten Mädchen. Es heißt Dania Kilsi, ist Syrerin, elf Jahre

alt, liegt. Die Augen sind dunkel, und dunkel ist das
Blut, das ihm aus dem Mund läuft. Der Kapuzenpulli
ist blutverspritzt. Jemand (zwei Hände, mager) hält
seinen Kopf. Wir werden nicht erfahren, ob Dania Kilsi
überlebt hat. Aber wir erfahren, dass der Nationalrat das
Waffenexportverbot gelockert hat, das heißt: Nun werden
zum Bespiel auch nach Saudi-Arabien Waffen geliefert –
beste Schweizer Präzisionsware – und die schicken die
dann weiter zum Beispiel nach Syrien, wo auf Kinder wie
Dania Kilsi geschossen wird. »Es wäre naiv zu glauben«,
sagen die klugen Politiker, »ohne Schweizer Waffen gäbe
es keine Konflikte in der Welt. Wenn wir nicht liefern,
liefern andere.« Was für eine tödliche Logik.

4. März 2014

S. hat eine Freundin, die Freundin hat eine Schwester,
die Schwester hat eine Familie, und das ist die traurige
Geschichte, die mir S. erzählt hat: Vier Kinder gehören
zur Familie, das jüngste ist krebskrank. Sie tun alles, was
man tun kann, und das kranke Büblein lässt alles über
sich ergehen, Operationen, Therapien. Es ist sieben Jahre
alt, als es ihm so schlecht geht, dass die Ärzte sagen, jetzt
kommt das Ende. Die Eltern rufen die anderen Kinder
aus den Ferienlagern zurück. Der Älteste, vierzehn, will
nichts vom Tod hören, sagt, er komme nicht. Wider
alle Voraussagen wird das Büblein zuhause plötzlich
putzmunter. Schon einmal war das so, schon einmal gab's
Fehlalarm. »Ich will heut Nacht bei euch schlafen«, sagt
das Büblein fröhlich, geht noch schnell auf die Toilette,
kuschelt sich dann ins Bett und räkelt sich zufrieden,

Mutter links, Vater rechts. Nachts merken sie, dass es tot
ist. Sie bleiben bei ihm bis zum Morgen. Dann wecken sie
die Geschwister.

28. Februar 2014
War soeben im Wald, auf dem Pfad, den wir Philosophenweg nennen. Hier trifft man kaum jemanden an,
höchstens ein Reh oder einen abgehauenen Hund. Aber
heute kam mir eine Frau entgegen, und sie redete, redete
in ein Telefon. Einen Fetzen davon bekam ich mit. »Ja«,
sagte sie, »das wäre echt gut.« Pause. »Du und wer?«
Pause. »Wisst ihr schon, wann?« Pause. »Im Ernst?«
Dann waren wir aneinander vorbei. Ich habe dann im
Weitergehen das Gespräch ergänzt und zu Ende geführt:
»Wozu haben wir die Bombe? Wir sollten endlich ein
Zeichen setzen.« »Ja, das wäre echt gut.« »Gestern haben
wir beschlossen loszulegen. Jetzt sind wir zu dritt.« »Du
und wer?« »Ich und Kurt und der Duweißtschon.« »Wisst
ihr schon, wann?« »Heute Nacht.« »Im Ernst?«
Ich darf morgen die Tagesschau nicht verpassen.

27. Februar 2014
Ich schaue mir am Bildschirm die Klassenfotos meines
wunderschönen Enkels an. Jedes Kind kann ich einzeln
anklicken. Knaben, Mädchen, so um die elf Jahre alt. Sie
lachen, lächeln in die Kamera. Wenige sind ernst. Den
meisten sieht man an, wie sie später mal aussehen. Oberschwester, Motorradmechaniker, Coiffeuse und Verwaltungsratspräsident sind bereits zu erahnen. In sechs,
sieben Jahren werden sie sich mit dem auseinandersetzen,

was den bedrohlichen Namen Geschlechtsverkehr hat. Werden mit Hass, Liebe, Neid, Eifersucht, Missgunst und allem, was Shakespeare schon thematisiert hat, in Berührung kommen. Werden übergangen oder gemobbt oder verachtet, werden erleben, dass aus dem Hinterhalt der Tod auftaucht. Diese blondgezopften und dunkelgelockten und großäugigen und rotbackigen Kinder. Man müsste ihnen ein Mindestgewicht Glück garantieren können. Ach, Kinder. Was für eine Schmach. Das Leben ist schuld. Und mein Enkel ist von allen der Schönste.

25. Februar 2014
Als ich gestern in den Bus einstieg, fiel mir ein, dass ich mein Handy nicht mit dabeihatte. Ich erschrak richtig. Etwa wie ein Einbeiniger, der sein Holzbein nicht mit dabeihat. Dann erschrak ich gleich noch einmal über meinen Schreck. Denn der bedeutet wohl, dass ich abhängig war! Süchtig! Nicht ohne mein Handy in die Stadt fahren konnte! Ich, eine – wie ich meinte – einigermaßen souveräne Alte. Nun, ich stieg dann trotzdem in den Bus. Hatte nichts zu lesen, nichts zu surfen. Also fing ich an, Handys zu zählen. Bis zur Haltestelle Rennweg waren es fünfundvierzig. Dort gab ich auf. Denn die Handys waren überall. Die Leute trugen sie so sorgsam in der Hand wie eingefangene Vögel. Hielten sie ans Ohr, um zu lauschen, ob die Vögel noch atmeten. Ich beschloss, auf dem Nachhauseweg etwas anderes zu zählen, Kleinkinder oder Hunde, das gab weniger zu tun. Aber ich zählte dann überhaupt nichts mehr, sondern sah aus dem Fenster, sah, wie die abendliche Stadt vorbeiglitt, und fand's schön.

22. Februar 2014
Der große Enkel steht in der Küche und will Mehl haben, damit füllt er Ballone, das gibt angenehme Wurfgeschosse. Der kleine Enkel kommt in die Küche und fängt auch an, Ballone zu stopfen. Das Mehl stäubt. S. kommt in die Küche, packt die Einkäufe aus und sagt, sie wolle heute Abend alle bekochen. O. kommt in die Küche und sagt, er werde helfen, und fängt an, mitten zwischen Tüten und Päckchen Zwiebeln zu schneiden. S. sucht im Küchenschrank nach Curry. A. kommt in die Küche und versucht, die Reste des Mittagessens zu beseitigen. Jeder Küchenquadratmeter ist belegt. Ein Mehlgeschoss platzt auf den Boden. A. fällt ein, was sie am Morgen in der Zeitung gelesen hat: 6500 Tonnen Raumfahrtschrott kreisen um die Erde, murmelgroß, orangengroß und ganz groß. Aus der Pfanne fängt es an zu duften, nach Zitronengras, Kokosmilch, Peperoncinis. Der Duft beansprucht jedoch keinen Platz. Zum Schluss ist die Küche ein Chaos, und das Herz ist aufgeräumt.

20. Februar 2014
Mich wundert, und so geht es sicher auch anderen, Jungen oder Alten, wie lange man ganz unauffällig und ohne große Anstrengung, da oder dort, jetzt oder später, einfach so und auf Zusehen hin und ganz spontan, sei es in wichtigen Belangen oder zu ganz Nebensächlichem, aber bar jeder Lächerlichkeit und auch unabhängig von der eigenen Stimmung oder von den Launen der anderen, wer immer die auch sein mögen – das wechselt ja von Situation zu Situation – wie lange man also in einem

lockeren Gespräch, also mündlich oder in einem strukturierten Text, also schriftlich, Wörter und Sätze von sich geben kann, ungeachtet der Sprache, sondern einfach im simplen Aneinanderreihen von Silben, russischen oder hawaiianischen, nichts sagen kann. Nichts. Hab's auf 736 Zeichen gebracht.

19. Februar 2014
Shake, tremble, shiver, trembler, tremolare, titremek. Zitteraal, Zittergras, Zitterrochen, Zitterpappel, Zittermensch. Ich bin ein Zittermensch. Habe immer gezittert. Schon mit fünfzehn in der Klavierstunde. Hatte nicht geübt, die Lehrerin saß im Rollstuhl und konnte nicht davonlaufen. Und schon war mein Zittern da. Es kam, wenn ich aufgeregt war, vor Glück oder vor Angst. Sonst ließ es mich in Ruhe. Ein Knäuel Glasfasern leicht vibrierend irgendwo in mir, der sich blitzschnell auseinanderfalten und tausend Funken in die Hände jagen konnte. Ein Zittermensch bin ich, elektrisch geladen, nur leicht, aber immer unter Spannung, immer gefasst auf die Funken, auch beim Aufwachen, nie vollschlapp. Lästig ist das. Verstecken möchte ich die Hände. Na ja, vielleicht hat das Geladensein auch sein Gutes: Ich bin fast immer auf Empfang.

17. Februar 2014
Ich saß im Tram neben einem kleinen Somalimädchen, so sechs Jahre alt war sie. Ihr Vater und Bruder standen daneben. Sie griff sich einen Prospekt aus der Sitzspalte und fing an zu blättern. Kühlschränke, Kühltruhen,

Waschmaschinen ... Sie zeigte mit ihrem kleinen Zeigefinger mal auf dieses, auf jenes. Den Prospekt hielt sie verkehrtrum. Alles stand auf dem Kopf. Die Bilder, die Preise, die Ausrufezeichen. Ich nahm ihr den Prospekt aus den Händen, drehte ihn um, legte ihn wieder vor sie hin. Sie schaute mich misstrauisch an. Dann erkannte sie im Prospekt ein Bügelbrett, es stand genau richtig da! Sie lächelte mich an. Es war ein schönes Lächeln. Ihr kleiner Finger zeigte wie wild auf Staubsauger, Kaffeemaschinen, Haartrockner. Dann musste ich aussteigen.

15. Februar 2014
Die erste Amsel. Das Masseneinwanderungsverbot vom Volk angenommen. Der Blutdruck normal. Gemetzel an Muslimen in der Zentralafrikanischen Republik. Im Garten der letztjährige Rucola noch frisch. Die Katz schon mehr als zehn Jahre alt. In Zürich erste Messe für schwule Bräute und Bräutigame. Föhnsturm fürs Wochenende angesagt. Candidatus Liberibacter wütet auf Zitrusplantagen. In der Zeitung sucht ein Mann eine Frau, Haarfarbe egal. Heute früh im Wald ein Reh, liegend, kauend. In der Zeitung sucht eine Frau mit Cellulite einen Mann, Typ Förster. In Syrien werden Kinder gefoltert. Auf der Einkaufsliste: Nagelfeilen, Rindsragout, Zitronen, Kürbiskerne. Wenn man einen Traum aufschreiben will, ist er weg. Die Katz träumt auch. Sind in einem Monat draussen: die Krokusse oder Kroken oder Kroki oder Kroküsser oder Krokanten. Die Sprache blüht auch im Winter.

10. Februar 2014
Ich will kein Kind, sagt der eine. Ich auch nicht, sagt der andere. Sie sind um die achtzehn, haben Schnäuzchen, haben Kapuzen, eine blau, eine schwarz. Sie gehen wie ich über die Bahnhofbrücke. Ich mache schnelle Schritte, um auf ihrer Höhe zu bleiben. Ich will hören, was sie sonst noch sagen, die beiden, die beide kein Kind wollen. Ich hätte huere gern ein Kind, sagt der Blaue, huere gern. Ich auch, sagt der Schwarze. Aber ich will's dem Kind nicht zumuten, sagt er Blaue. Der Schwarze sagt nichts mehr. Nach ein paar Schritten sagt er, ich war noch nie im Leben in diesem Coop dort. Alles ist einmal das erste Mal, sagt der Blaue. Darauf fängt der Schwarze an zu rennen, auf den Coop zu, und der Blaue rennt ihm nach. Der Blaue ist zuerst dort.

3. Februar 2014
Der Bus sauste, das Tram flitzte, viel zu früh war ich am Bleicherweg, schlug Zeit tot in drei Läden, vielleicht liegt sie immer noch dort, unter den Ladentischen. Aber jetzt nichts wie los, dachte ich. Meine Beine sausten, der Lift flitzte, viel zu früh war ich in der Arztpraxis, schlug die Zeit tot mit drei Zeitschriften, vielleicht liegt sie immer noch dort, unter den Ledersesseln. Erst kam das schweigende Paar dran, dann die Frau mit der geschwollenen Tasche, dann die Frau mit dem Lächeln, dann war ich allein. Immer wenn ich auf die Uhr sah, waren höchstens drei bis vier Minuten vorbei. Der Arzt war schon viel zu lange mit der lächelnden Frau beschäftigt. Vielleicht war sie ihm auf der Untersuchungsliege weggestorben. Oder

vielleicht ließ er mich warten, weil er nicht wusste, wie er mir die schlechte Nachricht beibringen sollte. Ich wurde immer steifer. Dann kam ich dran und die Nachricht war gut und das Leben ging weiter. Ging fröhlichen Schritts neben mir nach Hause.

2. Februar 2014
Es hat nicht geregnet, die Buchhandlung war voll, der Hals in Ordnung, die Lesung glückte, aber nicht die Fragestunde hinterher. Einzige Frage nach längerem Warten: Ist das autobiografisch? Nein, ist es nicht. Ich stotterte ein bisschen was aus meinem Leben. Hätte ja auch einfach sagen können, dass man, um einen Mord zu beschreiben, nicht selber einen begangen haben muss. Die Zuhörenden: alle freundlich. Ich weiß nicht, ob und wie zufrieden sie nun nach Hause gingen. Eine stille Freude waren die beiden Buchhändler, beide lange, dünne Menschen, deren Gesichter mir gleich sagten, was sie dachten oder empfanden, nämlich – wahrscheinlich – dasselbe wie ich. Es genügte, Worte zu wechseln, es brauchten nicht ganze Sätze zu sein. Das war ein Vergnügen.

31. Januar 2014
Heute Abend in einer Buchhandlung in Basel-Binningen eine Lesung. Nichts Neues. Schon oft gemacht. Trotzdem Fragen: Wird's regnen, werden meine Haare nass, die doch schön sein sollen? Ziehe ich die schwarzen Schuhe an, die schöner wären, oder die braunen, die bequemer wären? Muss ich noch die Nägel feilen? Wie lange habe

ich in Basel Zeit vom Zug zum Tram, und wo fährt dieses ab? Was, wenn ich den Zug verpasse, wann fährt der nächste, und wie viel zu spät werde ich sein? Was, wenn nur eine Handvoll Leute kommen, soll mir das egal sein? Um wie viel Uhr muss ich die Tablette nehmen, um rechtzeitig nicht zu zittern? Was, wenn der gerötete Hals bis am Abend noch schlimmer wird? Was, wenn mir mein Text nicht mehr gefällt? Vorgestern tat er's noch. Aber man weiß ja nie. Egal. Eine Lesung. Nichts Neues. Schon oft gemacht.

26. Januar 2014
Ich war zu früh im Spital, es hieß, ich müsse eine halbe Stunde warten, also ging ich spazieren. Wenige Schritte vom Spital entfernt sah ich eine Mauer mit Portal und dahinter einen großen Park, wie schön. Dann sah ich die Grabsteine. Der Park ist ein Friedhof namens Enzenbühl, ein weiter, baumbestandener Hang. Wer im Spital Hirslanden stirbt, kann gleich dahinter beerdigt werden, ist das nicht praktisch? Und was für ein wunderbarer Blick für die Toten, über den See zu Hügel und Bergen. Es gibt welche, die liegen schon sehr lange dort, unter alten, kunstvollen Grabsteinen, die zu schade sind, um entsorgt zu werden. Darum kann man so einen historischen Grabstein samt Grab jetzt mieten. Ist das nicht praktisch? Man wird dann nicht ganz allein in der Erde liegen, sondern zusammen mit ein paar Knochen, die vielleicht vor hundert Jahren über die heute immer noch gleichen Hügel und Berge gewandert sind. So schnell sind hundert Jahre um. Und erst recht eine halbe Stunde.

19. Januar 2014
Rotes Auge, weil von Zweig gepeitscht bei Sträucherschneiden. Taube Zeigefingerspitze links, weil irgendwarum. Leicht schmerzende Knubbel an den äußersten Fingergliedern, weil alt. Störung der Gebärmutterschleimhaut, weil Hormonspuk. Verschleimte Nasenhöhlen, weil schon lange. Stotterschlaf, weil sehr viel Denke. Hallo, du Alte. Weißt du außer von dir auch was von der Welt? Aber sicher: Die Schweiz stimmt ab über einen Einwanderungsstopp. Präsident Hollande in Frankreich hat eine Geliebte. Die USA macht weiterhin flächendeckend Lauschangriffe. Demnächst in Montreux eine Syrienkonferenz zum aussichtslosen Krieg. Demnächst in Davos ein World Economic Forum als Apero-Treff der Mächtigen. Kein Verbot von Waffenfabrikation, Waffenlieferung, Waffenanwendung, nirgendwo. Stete Medienaufmerksamkeit, was Wetter, Börsen, Sport betrifft. The same procedure as always.

17. Januar 2014
Wenn ich nachts wachliege, fällt mir so viel ein, was ich müsste, könnte, möchte, und morgens streife ich mir den Schlaf vom Gesicht, stolpere in die Küche, und alles, was mir einfällt, sind die Kaffeemaschine und die Pillenbox und meine Latschen, die ich bräuchte, um draußen die Zeitung zu holen. Ich habe nachts ein bisschen Mörike aufgesagt und an die schönen glänzenden Haare der Enkelmännchen gedacht und an die insgesamt drei Schneeglöckchen unter der Linde und daran,

dass mir gestern ein Stück Text gelungen ist, und daran, dass ich mal nach Schottland fahren möchte, habe auch erfreut gemerkt, dass mein Daumen plötzlich nicht mehr schmerzt, und bin ganz fröhlich in den Schlaf gekrochen. Und morgens streife ich mir denselben vom Gesicht, sehe auf der Treppe den Dreck, auf der Wiese das alte Laub, auf dem Tisch das ganze Nichterledigte, und unter dem Sofa schaut der fette gelbgrüne Schwanz der Unzufriedenheit hervor. Noch barfuß stampfe ich auf seine Spitze, und weg ist er. Komm, Tag.

16. Januar 2014
Manchmal springt die Katz auf meinen Tisch und fängt an zu schnurren, ohne dass ich sie berühre. Es ist eine schöne Art, Zufriedenheit auszudrücken. Wenn der Mensch auch schnurrte – wie das wohl wäre? Zum Beispiel gäbe es abends in der S-Bahn einen vibrierenden, leicht dröhnigen Perma-Ton von all denen, die zufrieden sind, dass endlich Feierabend ist. Oder im Konzertsaal säßen reihenweise Menschen, die unentwegt ein sanftes Geräusch absonderten, weil Mozart so wohltut. Oder der Pfarrer am Altar gäbe ein Dauerbrömmeln von sich, wenn er mit Gott im Reinen wäre. Ach, Katz, wir können es nicht, und wenn wir noch so zufrieden sind. Da fällt mir zur Zufriedenheit eben noch was ein: Ich habe im Supermarkt Herrn und Frau C. gesehen. Sie standen im Schlaraffenland zwischen prächtigstem Grün- und Fruchtzeug, beugten sich über eine Kiste und machten ein Gesicht, als müssten sie gerade ihre eigene Urne auswählen.

9. Januar 2014
Wir sind im Herbst über den Turkanasee geflogen, der
liegt in Ostafrika. Wir waren 39'000 Fuß hoch, draußen
war's minus 55 Grad kalt, und es dauerte noch 59 Minuten
bis Nairobi. Es wurden Frühlingsrollen serviert und
Panna Cotta von Mövenpick. Und beim Essen fiel mir
der Junge vom Turkanasee ein. Am Ufer des Sees hat
man mal sein Skelett ausgebuddelt, das hatte eineinhalb
Millionen Jahre lang unter tonnenschweren Sedimenten
gelegen. Ein junger Homo erectus war's. Ich versuchte
mir vorzustellen, was der Junge zu den fliegenden Frühlingsrollen gesagt hätte. Es heißt, die Homines erecti
hätten ansatzweise eine Sprache gehabt. Sicher haben sie
auch bereits gelacht. Saßen mit ihren Steinwerkzeugen
am Feuer und aßen grillierte Antilope. Und statt der
Swiss flogen die Geier über ihre Köpfe. Ob der Junge mit
mir hätte tauschen wollen?

8. Januar 2014
Das Jahr 2013 ist zu Ende, ganz, die Bronchitis ist zu
Ende, beinah, das Hoffen ist noch nicht zu Ende, das
Wünschen auch nicht. Ich habe Sternschnuppen gesehen,
in der Nacht auf den 15. Dezember bin ich extra aus dem
Bett gestiegen, da sind am Himmel nämlich die Gemin-
iden los. In unserer Verwandtschaft gibt es einen Mann,
der einen Herzstillstand hatte, und seither klappt in
seinem Gehirn nicht mehr ganz alles. Neulich war er mit
seiner Frau nachts unterwegs und fragte: Was sind das
für Punkte da oben? Es waren die Sterne. Er muss alles
wieder neu lernen, der Mann. Wie mühsam. Aber es lohnt

sich, Mann, mach weiter, bis dir die wunderbare Welt
ringsum wieder ganz und gar gehört, in 3D und Stereo.
Im vergangenen Sommer lagen wir über Mittag in einem
Wald in der Toskana, von links hörten wir die Zikaden
und von rechts den Donner, ein ungewöhnliches Duett
für unser nordisches Hirn. Apropos: Hirnwohlumen hat
mein Enkel ins Schulheft geschrieben, als sie über den
Australopithecus sprachen.

13. September 2013
Altsein soll was Schönes sein? Das ist Zeitschriftenge-
quatsche. Alt sein heißt: Irgendwas tut weh, man
schrumpft, die Haut lottert, die Augen sind wässerig, im
Gesicht sind Fahrrinnen, das Gehirn ist verstopft und
dergleichen mehr. Aber etwas ist frischer denn je: das
Gefühl der Freiheit, das Gefühl Ihrkönntmichmal.
Gestern war ich zu einem kurzen Interview beim Radio
und gab lauter glanzloses tantiges Zeug von mir, zwie-
backige Statements, ich merkte es, während ich sprach,
oje. Aber kaum war ich draußen auf der Straße und
schob mein Busticket in den Automaten, war mir das alles
ganz egal. Dann halt, dachte ich, dann war ich halt glanz-
los, was soll's. Eigentlich sind mir die Radiohörer egal
und die Hörerinnen auch. Und dann pfiff mitten im
September und mitten im Stadtverkehr tatsächlich eine
Amsel.

10. September 2013
Ich weiß nicht, wann ich zuletzt gelogen habe. Doch,
ich habe zuletzt im letzten Satz gelogen. Ich weiß

nämlich, wann ich neulich gelogen habe: als ich der
Bekannten S. sagte, sie sähe gut aus. Ich hatte sie ein
Jahr lang nicht gesehen, und dann stand sie vor mir und
sah schlecht aus. »Hallo«, sagte ich, »gut siehst du aus.«
Sie sah extrem schlecht aus, bleich, braun unter den
Augen, der Mund ein Strich. Zudem wirkte sie kleiner
und sie hatte die Schultern hochgezogen, als friere sie.
Wie kam ich bloß dazu, so was Blödes zu sagen. Ich
glaube, sie war beleidigt, dass ich ihr nicht die Wahrheit
zugetraut hatte. Sie blieb nicht lange stehen, sondern
machte sich mit hochgezogenen Schultern davon. Ich
versuchte mich zu schämen, aber es gelang mir nur
kurz.

9. September 2013

Heute ist in Zürich Knabenschießen, damit könnte ich
jetzt weiterfahren, will aber eigentlich nicht. Heute ist
auch Montag, und man ist allgemein der Meinung, dass
der Montag der erste Tag der Woche ist. Denn der siebte
Tag ist der Sonntag, das ist der, an dem Gott ruhte. Er
hat ja sechs Tage lang wie wahnsinnig gearbeitet. Man
muss sich nur mal vorstellen, was eine einzige Ameise
zu tun gibt. Bis die nur mal laufen und beißen und eine
Königin füttern kann. Oder die ganzen Krankheiten,
die er geschaffen hat, so eine Malaria zum Beispiel, die
muss ganz schön durchstrukturiert sein, damit sie funktioniert. Am Montag hat er das ganze Licht gemacht,
da bin ich ihm sehr dankbar, besonders für den Trick,
es alle zwölf Stunden für zwölf Stunden auszuschalten.
Das ist genial.

8. September 2013
Gerade als ich ansetze, um hier zu schreiben, kommen der Mann und die Katz ins Zimmer und setzen sich zusammen hin. Stören wir dich, sagen sie. Nein, sie stören nicht, es ist schön, wenn sie da sind, alles schön rund. Ich kann später hier weiterschreiben, es wartet niemand auf das Geschriebene, ich muss mich nicht beeilen, außer dass mir nicht mehr alle Zeit der Welt bleibt. So wie ein Arzt zum Tumorkranken sagt, Sie haben noch sechs Monate, allerlängstens zwei Jahre, so sagt mir mein Geburtsdatum, Sie haben statistisch noch vier Jahre, Madam, und nichtstatistisch schätzungsweise deren fünfzehn. Und das ist doch schon mal was. Ich kann darum ohne Ungeduld mich freuen, wenn Mann und Katz ins Zimmer kommen. Es ist schön, wenn ihr da seid!

7. September 2013
Der englische Ministerpräsident Cameron will angreifen. Der amerikanische Präsident Obama will angreifen. Der französische Ministerpräsident Hollande will angreifen. Israel testet schon mal Raketen. Italien und die Türkei verschieben ihre Kriegsschiffe. Der russische Ministerpräsident Putin will nicht angreifen. Die deutsche Kanzlerin Merkel will sich raushalten. Hallo, Freunde, wollt ihr nun in Syrien Krieg machen oder nicht? Wollt ihr killen oder nicht? Wollt ihr ballern oder nicht? Achtung, fertig, los, wer entscheidet, ob Halali oder nicht? Die Menschen in Syrien haben nichts zu sagen, die müssen nehmen, was kommt, sind bloß Statisten auf einer Bühne, wo's Giftgasraketen gibt und einen Diktator und fanatische

Rebellen mit Allah im Gewehrlauf. Sie werden bluten, die Statisten, und das Blut ist nicht Kunstblut vom Theaterlieferanten, sondern 37 Grad warmes Männer-, Frauen- und Kinderblut.

6. September 2013
Mehr als einmal lese ich bei Fontane von »Sommerfäden«. Er geht über Land und registriert sie wie das Wetter. Ich weiß nicht, ob er sie sieht, hört oder spürt, ich weiß gar nicht, was Sommerfäden sind. Sie kommen auch bei Lenau und Uhland vor, aber das Internet kann sie mir nicht schlüssig definieren. Sind es Spinnenfäden, die durch die Luft schweben? Oder ist es irgendwas zartes Pflanzliches, das ein Sommerwindchen in die Lüfte hebt? Sommerfäden gelten wohl als schön, als poetisches Zeichen, aber wie kann ich etwas schön finden, von dem ich nicht weiß, was es ist? Also mache ich vorläufig einfach mal Bewunderungsverweigerung. Sommerfäden, ihr seid mir egal. Obwohl, grad heute, grad an diesem makellosen Septembersommertag, würde ich zu gerne von Sommerfäden sprechen ...

2. September 2013
»Weibeln« hat nichts mit Weib, »zügeln« nichts mit Zügel, »zeuseln« nichts mit Zeus, »koseln« nichts mit Kosewort zu tun. Es sind schweizerdeutsche Verben, und ich soll sie als deutschsprachige Autorin nicht verwenden. Wer die Verben hier liest und nicht versteht, muss sich nicht ärgern. Man verpasst nichts, wenn man sie nicht versteht. Drum will ich sie auch nicht

übersetzen, sie sollen bleiben dürfen, wer sie sind, vier harmlose Schweizer Verben. Manchmal reut es mich ein bisschen, wenn ich Schweizer Begriffe nicht verwenden darf, obwohl sie scheinbar schön deutsch daherkommen: »Fingerbeere«, »harzig« und »es lupft mich«. Alles nicht richtiges Deutschdeutsch, schade. Kürzlich habe ich auch gelernt, dass man im deutschen Straßenverkehr korrekt deutsch nicht verunglückt, sondern verunfallt. Dabei ist Unfall doch eigentlich ein dummes Wort, ein Unfall ist ein Nichtfall – also was Positives. Da soll noch einer drauskommen. »Drauskommen« ist auch nicht deutsch.

1. September 2013
Eine gescheite, junge, westlich erzogene Frau, die erfolgreich eine Lehre in einem Verlag in Zürich abgeschlossen hat, entschließt sich für ein Leben als verschleierte Muslimin. Sie legt sich einen Tschador um, heiratet einen Mann, »der sich auch für die islamischen Werte entschieden hat«, und reist eine Woche später nach Istanbul, in eine Sufi-Koranschule für Frauen. Sie schreibt für das MAGAZIN (35 / 2013) einen Bericht über ihre Wandlung und ihr neues Glück. Sie habe sich die Freiheit genommen, anders zu leben, schreibt sie. Wenn sie die Koranschule beendet habe, werde sie in die Schweiz zurückkehren zu ihrem Mann. Sie schreibt klug und klar und mutig, und ich versuche, ihren Schritt nachzuvollziehen. Sie schreibt: »Alles im Islam hat seinen Grund. Zum Beispiel aß unser Prophet Datteln nie in einer geraden Zahl – vor kurzem las ich von einer wissenschaft-

lichen Studie, dass eine ungerade Zahl von Datteln tatsächlich besser für den Blutzuckerspiegel ist.« Au weia.

31. *August 2013*
Gestern war ich im Altersheim. Die Frau, die ich besuchte, will nicht mehr allein einen Bus besteigen oder einen Laden betreten. Sie ist bestens zu Fuß, und es tut ihr nichts weh, sie kommt aufrecht und mit freundlicher Miene daher. Aber sie getraut sich nicht mehr in die Welt hinaus. Aus einem unerfindlichen Grund getraut sie sich auch nicht ins dritte Stockwerk hochzugehen. Sie bräuchte nicht in den beängstigenden Lift zu steigen, sie könnte beschwerdefrei die Treppe nehmen. Es ist nicht so, dass im dritten Stock oben oder in der Welt draußen ihr jemand Böses antun wollte. Sie ist lediglich vom Leben geprügelt worden, jahrelang. Hat sich vom schwierigen Ehemann getrennt, drei Töchter großgezogen, in einem Büro das Geld fürs tägliche Dasein verdient, hat sich um einen schwer behinderten Enkel gekümmert und hat ihr schönes Gesicht immer auf Frohtemperatur eingestellt. Und irgendwann ist sie von der Furcht gepackt worden, und sie ist nach Hause gerannt und hat sich nicht mehr in die Welt getraut. Man gibt ihr Medikamente. Sie macht, was man ihr sagt. »Ich habe eine Ecke ab«, sagt sie. »Entschuldige.«

30. *August 2013*
Es war ein schöner Tag. Durchs Fenster der Raststätte haben wir gesehen, wie sich ein Car entleerte, es war eine muslimische Reisegruppe. Munter kamen die

beschnauzten und kurzärmlig behemdeten Männer auf
die Raststätte zu, die Frauen folgten, ob munter, weiß ich
nicht. Es waren nur ihre Augen zu sehen, der Rest war
in schwarzes Textil verpackt. Ich habe mich geärgert,
weil die Männer von ihren Frauen diese Vermummung
verlangen und weil die Frauen nicht dagegen aufbegehren.
Es war wie gesagt ein schöner Tag, und die Haut freute
sich über die sanfte Sonne. Trotz meines Ärgers habe ich
mir die Pommes Frites schmecken lassen. Beim Verlassen
der Raststätte sah ich zwei der schwarzen Zelte zwischen
einem Spielautomaten und einer Hintertür auf einer
Windel auf dem Boden knien. Sie sprachen ihre Gebete.
Sie hätten sie auch draußen unter den Bäumen oder in der
Stille ihres Cars sprechen können. Aber es war wohl so,
dass der Platz zwischen Spielautomat und Hintertür Gott
wohlgefälliger war.

29. August 2013
Als ich das las (DIE ZEIT, 22. 8. 2013), hat's mich ein
bisschen umgehauen: »... *Gesetze, die in den* USA *Schwarze
zu Bürgern zweiter Klasse stempelten. Die ihnen die Ehe
mit Weißen untersagten. Die ihnen gesonderte Plätze im Bus
zuwiesen. Die sie zwangen, im Kino auf verdreckten Rängen
zu sitzen. Die ihnen verboten, ›weiße Toiletten‹ zu benutzen,
mit Weißen am selben Tresen bedient zu werden, ja sogar vor
Gericht auf dasselbe Exemplar der Bibel zu schwören.*« Ich
hab das alles gewusst, die ganze furchtbare Arroganz, die
ganze abgrundtiefe Beleidigung. Aber das mit der Bibel,
das hab ich nicht gewusst, das hat mich umgehauen.
Tschiises, was für eine Religion! Hat zwei Bibeln, eine

saubere und eine dreckige. Und wer auf die dreckige
schwören muss, hat die schlechteren Chancen.

20. *August 2013*
Ich habe einen fremden Text überarbeitet, es ist das erste
Kapitel eines ersten Buchs eines Freundes. Schau mal rein,
hat er gesagt, und das hab ich gemacht. Ich kam mir vor,
als sei ich allein in seiner Wohnung, nachdem er mir den
Wohnungsschlüssel gegeben und gesagt hätte: Schau mal
rein. Ich kam mir vor, als stehe ich in seiner Wohnung vor
seinen Bildern und seinen Pantoffeln und seinen Kaffee-
tassen. Vor seinem Pyjama und seinem Testamentsentwurf
und seinem Kopfabdruck auf dem Kissen. So stand ich
in seiner Wohnung beziehungsweise in seinem Buch und
war gerührt und belustigt und beschämt und verlegen.
Und plötzlich überfiel mich die Lust, aufzuräumen,
umzustellen, Platz zu machen. Ich verschob Stöße von
Wörtern, halbierte Sätze oder warf sie aus dem Fenster,
sammelte überflüssige Zeilen ein und schüttelte Fehler
aus den Vorhängen oder zerdrückte sie böse. Ich konnte
nicht anders. Einfach mal reinschauen, das geht nicht.

18. *August 2013*
Ich lade eine aktuelle Version des Virenschutzprogramms
herunter, das braucht drei Minuten und 25 Hundertstelminuten. Ich kann der Uhr auf dem Bildschirm zusehen.
Es lohnt sich nicht, aufzustehen und irgendetwas anderes
anzufangen oder im oberen Stock das Buch vom Nacht-
tisch zu holen. Doch, die Katz könnte ich streicheln, aber
die ist nicht da. Manchmal ist sie viel zu sehr da, das

heißt, sie läuft auf der Tastatur herum und steckt mir den spitzen Schwanz ins Nasenloch. Ich sitze also tatenlos vor dem Bildschirm und sehe zu, wie die Zeit vergeht, und denke, dass mein Leben jetzt dann um drei Minuten und 25 Hundertstelminuten kürzer ist, und ich habe die kostbaren Minuten einfach versickern lassen. Es ist, als würde ich mein einziges Trinkwasser aus der Flasche in den Sand der Sahara träufeln lassen. Es ist ein furchtbares Gefühl. Vielleicht wäre ich irgendwann noch grausam froh um drei Minuten und 25 Hundertstelminuten, aber die sind jetzt unwiederbringlich weg.

17. August 2013
Heute ist Samstag, und am Samstag liegt dem Tages-Anzeiger das Magazin bei, und im Magazin schreibt Max Küng eine Kolumne, und die handelt diesmal von Löchern, und ich lese diese Kolumne und stoße fast zum Schluss auf einen Satz, den Max Küng nicht selber geschrieben, sondern zitiert hat und der mir sehr gefällt, von dessen Autor ich jedoch noch nie gehört habe, obwohl er laut Küng ein griechischer Nobelpreisträger ist und Odysseas Elytis heißt, und ich denke, ach, wie wenig ich weiß, und ich bin ein bisschen neidisch auf Max Küng und seinen Vorsprung – jetzt mach aber mal einen Punkt. Der Satz heißt: »Mein Gott, wie viel Blau verschwendest du, damit wir dich nicht sehen.«

15. August 2013
Ich war auf tausendfünfhundert Meter und habe eine Höhle gesehen, wo mal Neandertaler hausten, und einen

Felsvorsprung, wo mal Eremiten lebten, und eine Seilbahnstation, wo ein ausgestopfter Steinbock stand. Daneben gab es auch lebendige Sachen, wie etwa hüpfende Kinderwaden, geschwenkte Damenhintern und sonnverbrannte Männernacken. Die Berge waren größtenteils grün und der Himmel war größtenteils blau und der Wald größtenteils still. Die Kuhglocken waren auf Sendung und ebenso die Gleitschirmflieger, immer wieder streiften sie über den Bildschirm, zusammen mit zwei wahrscheinlich Adlern. Es war eine schöne Sendung, nur stand da einfach nie, wer sie gemacht hatte. Das ist doch irgendwie nicht ganz korrekt, oder? Auf der Heimfahrt lief uns der Muskelkater nach und machte sich am nächsten Tag wichtig.

14. August 2013

Die Tomaten werden langsam rot. Es sieht aus, als strengten sie sich an beim Reifwerden, als pressten sie die Röte heraus. Sie haben noch zweieinhalb Monate Zeit, dann tschüss Sommer, tschüss Herbst, tschüss schöne Tage, tschüss unwiederbringliche Zeit. Wir wissen mit Bestimmtheit, dass Nässe und Gräue und Kälte und Schwärze auf uns zukommen, wie gut, dass wir nicht mehr wissen. Wie gut, dass wir keine Ahnung haben, ob die Beine noch laufen werden, das Hirn noch tut, das Herz noch schlägt. Ob das Glück noch hält, meins, deins, eures. Ob die Luft noch klar ist und das Wasser noch sauber und das Gewissen nicht schlechter als jetzt.

11. August 2013

Sonntagnachmittag, es klingelt, er steht an der Tür, lächelt, zeigt mit dem Finger auf sich: Ich bbbin Hermann. Nett wirkt er, jung ist er. Er war schon mal da. Oder so einer wie er, mit einer Umhängetasche und diesem Stottern. Nein, denke ich, diesmal will ich keine scheußlichen Karten kaufen, will mich nicht wieder auf eine Diskussion einlassen, die lange, lange dauert, weil er stottert und wütend wird, wenn ich ihn unterbreche. Das letzte Mal schien er böse auf mich, die geizige Frau. Statt Karten zu kaufen, hatte ich ihm Geld angeboten, aber das lehnte er ab. Also kaufte ich das Minimum, sechs Karten, drei Franken das Stück. Verschicken werd ich sie nie. Es tut mir leid, sage ich diesmal hastig, ich habe jetzt gerade keine Zeit. Entschuldigen Sie bitte, sage ich noch hastiger und schließe ganz schnell die Tür. Aber ich höre noch, wie er sagt: Wie kamma bloß so sei. Er hat es, ohne zu stottern, gesagt. Und ich komme mir ziemlich lange schlecht vor und denke, Hermann hhhat recht.

8. August 2013

Schlechte Laune wegen meiner Ungeduld. Zapplig werden wegen meiner Ungeduld. Ungerecht werden wegen meiner Ungeduld. Das müsste nicht sein, das ließe sich wegtherapieren, nehme ich an. Meine Ungeduld kommt nur, wenn etwas nicht so wird, wie ich es mir ausgedacht habe, geplant habe, vorbereitet habe. Ich bin nämlich ziemlich gut im Ausdenken, Planen und Vorbereiten. Wenn's also nicht klappt, sind die anderen schuld. Das sagt dann meine Ungeduld. Willst du dir das gefallen

lassen?, sagt sie. Willst du das dulden oder undulden?
Sie sagt mir nie: Die anderen haben auch Gründe, haben
auch Lösungen, haben auch Wege zum Ziel. Nie sagt sie
so was, nein, sie heizt mir einfach ein. Sie ist ziemlich
ekelhaft. Ich kann nämlich sehr wohl geduldig sein,
aber – wenn ich's richtig bedenke – nur in Situationen, zu
denen ich nichts beigetragen habe. Wenn der Zug Verspä-
tung hat, wenn ein Regenguss die Straße überflutet, dann
bin ich very patient, bin einfach Patient, der sein Weh
erduldet. Ich habe es ja nicht selber organisiert.

7. August 2013
Wenn ich die Augen schließe und zurückhorche, kann
ich es wiederfinden, das Geräusch am Meer, das ich
vor einem Monat gehört habe: den Millionenchor der
Zikaden. Es sind nur die Männchen, die so betäubend
schnirren, die Zikadinnen sind stumm. Sucht er sie oder
sie ihn? Fänden sie sich auch ohne Geräusch? Ich stelle
mir die Stadt an einem Sommertag vor, Fenster und
Türen sind offen, die Menschen sitzen in den Cafés und
an ihren Arbeitspulten, sie stehen vor und hinter den
Verkaufstischen, sie liegen in den Parkanlagen und in den
Spitalbetten – und alle Männchen schnirren, pausenlos,
bis Sonnenuntergang! Was für ein gigantischer, erotischer
Lärm! Die Lärmwolken über den großen Städten würden
wachsen und sich ineinander verweben, und der Älpler
droben auf der Hubelweid würde besorgt mit Schnirren
innehalten und ins laute Land hinunter horchen, und
seine Frau würde denken, was ist los, warum schnirrt er
nicht?

6. August 2013
Ich sitze draußen, die bloßen Füße auf den sommerlich warmen Steinplatten, und lass ein bisschen vor mich hindenken. Da landet genau vor mir eine Libelle, grasgrüner als Gras, und bleibt regungslos am Boden. Sie ist so schön, dass sie Labelle heißen müsste. Nein, ganz regungslos ist sie nicht, kaum wahrnehmbar für mich bewegt sie den Kopf mit den übergroßen Facettenaugen. Was tut sie da? Was will sie hier? Kommt sie auf den Boden, um zu sterben? Plötzlich erhebt sie sich, mit wunderbarer Leichtigkeit, fliegt weg und beendet die Fragerei. Wir können es einfach nicht lassen, das Fragen: Warum ist er so? Was hat sie gemeint? Wozu ist das gut? Wer steckt dahinter? Wie wahr ist das? Woher kommt das denn? Wann hört das auf? Worauf beruht so was? Mit solcher Fragerei heiligt die Wissenschaft ihr sämtliches Tun. Meinetwegen. Aber man könnte doch die Libelle auch einfach nur mal fliegen lassen.
Übrigens, ich weiß es: Sie hat sich auf der Steinplatte den Bauch gewärmt.

5. August 2013
Immer mehr Hemmung, etwas Kontemporäres zu lesen, immer größer die Befürchtung, ich könnte verunsichert werden: ach, so machen der und die das, ach, so muss es klingen, damit es einfährt, ach, so muss die Wahrheit lauten, damit man sie glaubt. Ich vermute, dass ich nun mein Tempo gefunden habe und mich nicht aus dem Schritt bringen lassen will. Dass ich nun meine Palette

bereinigt und die Farben gefunden habe, die mir gefallen.
Und das will ich mir bewahren, so gut es geht. Also lese
ich am liebsten Texte aus völlig anderen Federn. Fontane
zum Beispiel: ein Mann, ein alter Mann, ein anderes Jahrhundert, ein anderer Zeitgeist, eine andere Sprache. Nein,
die übernehme ich bestimmt nicht! In seinen Sätzen kann
ich mich genussvoll lümmeln und tümmeln, kann ihn
bewundern, den alten Mann, wie schön schildert er einen
Sommerabend, wie wendig schlüpft er ins Wesen einer
Frau, Mathilde Möhring etwa, wie hofft und schuftet und
leidet er mit.

4. August 2013
Bestimmt muss man außerordentlich alt werden, bis einen
eine Kritik nicht mehr trifft. Ich bin noch nicht außerordentlich, sondern erst ordentlich alt. Das heißt, ich
zucke immer noch zusammen, wenn man mich kritisiert.
Würde ich nicht mehr zucken, wäre ich tot. Wie schön
ist das, dass ich noch nicht tot bin, dass ich spüre, wie
Sonne ins Zimmer fällt, wie Phlox riecht, wie die blöden
Tauben gurren. Ja, und da hat nun jemand geschrieben, in
meinem neuen Buch gebe es Klischees. Zuck! Klischees
sind genau das, was ich nicht fabrizieren möchte. Aber
wahrscheinlich würde ich genauso heftig zucken, wenn
es in der Kritik hieße, ich schreibe umständlich oder
romantisierend oder ungenau oder langatmig oder salopp
oder barock oder sonstwie nicht rundum gut. Irgendwas
muss eine Kritik ja kritisieren, sonst ist es keine. Also
muss ich damit leben zu zucken, solang ich noch zucken
kann.

3. August 2013

Seit Neustem sitzen zwei Tauben auf einem Vorsprung unterm Dach, neben einem Vogel-Unterschlupf, der für Rotschwänzchen gedacht war und noch nie bezogen worden ist. Die eine Taube steckt mit dem Oberkörper im Unterschlupf, nur der Schwanz ist zu sehen, und in dieser Stellung gurrt und gurrt und gurrt sie. Wuu^a – Wuu^a – Wuu^a. So ungefähr geht das Gurren. Die zweite Taube sitzt aufrecht und sagt nichts. Vielleicht ist sie taub. So sitzen oft Männer neben quasselnden Frauen. Ob, was da schweigt, ein Mann ist, und was da gurrt, eine Frau, weiß ich nicht. Ich kann ihnen nicht unter die Federn schauen. Als Vorbild für Friedenstauben würden sie nicht taugen, sie sind fett und laut. Hatten nicht die Apostel mal eine Taube über den Köpfen? Haben wir jetzt auch, und es hört sich so lange gemütlich an, bis es nervt.

2. Aufrust 2013

Ich sitze vor dem Bildschirm, in der Hitze streiken die Gedanken, August, Aufrust. Nichts fällt mir ein. Doch, der Mann von der Wanneler Alp.. Wie er für uns Kaffee macht aus Fertigpulver und ungefragt so viel Milch reintut, dass der Kaffee nur noch lau ist, da, trink! Es ist egal, was man trinkt, man vergisst es, wenn man in die Weite schaut, vielleicht tränke man auch gesüßte Kuhpisse oder Schweinemilch, die Weite besteht aus lila Felsspitzen, Grashängen aus knallgrünem Samt, einem gelben Neunuhrmorgen-Himmelssaum und cincm Firmament aus Glas. Menschen gibt es nicht, außer

dem Mann, der so ausschaut, als ob er hören wolle, dass
der Kaffee gut sei, und O., belustigt, weil er weiß, dass
mir die Milch zuwider ist. Alles würde ich schlucken in
dieser Rundumschönheit. Sogar die Holzscheite sind so
wunderbar aufgeschichtet, dass ein Bild draus geworden
ist. »Kunst«, sagt O. »Nein«, lacht der Mann, »Kunst ist,
wenn man nicht weiß, was es ist.« Ein Fertigsatz, praktisch wie Fertigpulver.

1. August 2013

Die Katz ist ein schlaffes Läppchen, liegt draußen im
Schatten, die Welt ist gerade eben 32 Grad heiß, heute
Abend werden die Feuer brennen, weil Heil dir Helvetia,
und der Phlox blüht so blau, blau, blau wie der Enzian.
Mein neues Buch hat nun 209 Seiten und fühlt sich gar
nicht wohl, weil mein letztes Buch inzwischen erschienen
ist und Lob erhält. Ich bin schlechter, sagt nun mein
neues Buch, gib mich auf, wirf mich weg, sonst kotz ich
dir noch über den Bildschirm. Was macht man da? Du
und dein Buch, sagt die Katz, tut doch nicht so blöd,
ist doch eh alles egal. Oder glaubt ihr etwa, ihr zwei,
wegen euch finge ich an zu lesen? Was draußen knallt,
ist eine Rakete, und noch eine. Andernorts knallt's nicht
aus Freudesgründen, in Syrien ist immer noch Krieg,
nein, nein, die Schweiz schickt keine Waffen dorthin,
sie schickt sie freundlich anderswohin, damit sie ein paar
Umwege machen. Das ist etwa wie ein Paket, das man
im Sommer losschickt mit dem Vermerk »Erst an Weihnachten öffnen«.

25. Februar 2013
Im Brockenhaus stehen zwei Männer vor einem Sofa, kräftige, wuchtige Männer, Motorradtypen. Das Sofa ist rundum geschwollen und lila, und es glänzt ein bisschen, es passt in ein sehr geputztes Einfamilienhaus der achtziger Jahre oder in ein artiges Puff. Die Männer laufen drum rum, entfernen sich, schauen von weitem und wieder von nahe. Es ist ziemlich neu überzogen, sagt der eine, die Größe wär richtig, sagt der andere. Ob sie es gekauft haben oder nicht – sie werden noch stundenlang das lila Sofa unter der Stirn haben, bis es ins Unterbewusste abtaucht, in dieses Giga-Brockenhaus, das unsere Träume möbliert. Vielleicht taucht es in einem Traum der Männer wieder mal auf, ist dort die Unterlage für eine Orgie oder für eine gebärende Katze oder für einen verstorbenen Vater, der da einfach sitzt und nichts sagt.

24. Februar 2013
»Lesen ist Denken mit fremdem Gehirn« – gut gesagt, Jorge Luis Borges. Der Satz stimmt aber nur, wenn das Geschriebene nicht hundert Prozent gut beziehungsweise voll gelungen ist. Wenn sich der Lesende in etwas Gelungenes hineinbegibt, vergisst er, dass hier ein fremdes Gehirn geschrieben hat. Der Lesende wird eins mit der fremden Geschichte. Er hat das Gefühl, dass sie aus ihm selber herauskommt. Das ist ein schöner wie unheimlicher Vorgang. Jemand vereinnahmt jemanden. Ganz unmerklich und spinnenfadenfein. Und ganz klar mit Absicht. Gebet an den Autor: Und führe uns in Versuchung, und erlöse uns nicht aus der Illusion. Amen.

23. Februar 2013
Schönes Bild für das »Leben«: Der Vogel, der aus dem Dunklen geflogen kommt und nach einer Weile wieder ins Dunkle hinausflattert. Das soll Beda Venerabilis gesagt haben, ein englischer Heiliger, so ums Jahr 600 herum. Es scheint, dass die Menschen immer ähnlich empfunden haben, egal wie viel Aufklärung oder Erfindungen oder Erkenntnisse ihnen von der jeweiligen Zeit verabreicht wurden. Und immer hat es ein paar Geister gegeben, die ihre Empfindungen geglückt formuliert haben. Das Bild vom Vogel passt mir sehr gut, obwohl ich weder heilig noch männlich noch englisch bin und schon gar nicht vor vierzehnhundert Jahren geboren. Vielleicht hätte auch der Homo-erectus-Junge, gestorben vor eineinhalb Millionen Jahren am Turkana-See, ausgebuddelt 1984, etwas für mich Einleuchtendes aufgeschrieben, wenn er gewusst hätte, wie.

22. Februar 2013
Es ist so klirre kalt, dass man kaum bis zum Briefkasten laufen mag. Aber auch bei Eiseskälte geht sie nicht weg, diese kleine Aufregung, es könnte ja was Überraschendes im Kasten sein. Auch nicht die Neugier, ob jemand an mich gedacht hat, und wenn ja, dann wie. Auch nicht die winzige Furcht, eine richtig schlechte Nachricht sei heute dabei zwischen dem ganzen Ramsch an Frohgemutreklame. Wie viel wohler wäre mir ohne Briefkasten und ohne die anderen Container für allfällige Neuigkeiten, die E-Mailbox, den Telefonbeantworter. Sehr viel wohler wäre mir, aber ich könnte es keine Minute aushalten. Ich

laufe, wenn's sein muss, nackt durch die Kälte, wenn ich weiß, dass der Briefkasten voll ist.

21. Februar 2013
Sie haben einen Bären erschossen, hinten unten im Bündnerland. Er ist mal illegal über die Grenze gekommen, hat sich einfach von Italien in die Schweiz geschlichen, ohne Papiere. Ist dann auch rasch kriminell geworden, hat einen Abfalleimer zertrümmert und sich aus Bienenhäuschen Honigwaben geangelt und brutal kaputt gemacht. Und dann ist er sogar noch eingebrochen in ein Ferienhaus und hat sich bedient, in der Zeitung hat nie gestanden, was er da gestohlen hat, ob elektronische Geräte oder eine Jasskasse. So ein Individuum sei ein Risiko für die Gesellschaft, hieß es bald, man taufte den Risikobär M13. Vielleicht soll das die allgemeine Meinung bestätigen, dass die 13 Unglück bringe und dass etwas gegen die Übervölkerung in der Schweiz getan werden müsse, zuallererst gegen die illegale Masseneinwanderung von Bären.

20. Februar 2013
Beim Micherinnern mach ich gerne Umwege, weiche aus, trete nicht auf Stellen, wo Kratziges liegt, gehe auf Zehenspitzen, um keine unangenehmen Geister aufzuwecken. Heute ist Luzern Fasnacht, da mach ich mich im Kopf lieber davon. Schon mein erster Versuch mit Maske ging schief, ich hatte eine Kartoffel als Nase auf einer Schuhschachtel befestigt, die riss mir – kaum hatte ich mich auf die Straße gewagt – ein anderes Kind

ab. Ich warf die Schachtel weg, ging maskenlos und tieftraurig weiter, sah mit Neid zwei Buben nach, die als Deubelbeiß und Schürmann verkleidet waren, sie hatten sich so angeschrieben, das war nun allerdings was anderes als meine einfallslose Kartoffelmaske. Deubelbeiß und Schürmann waren das Gangsterpaar des Jahres, sie hatten einen Bankdirektor umgebracht und blieben dann über Jahrzehnte als Schweizer Verbrecher berühmt, weil's keine anderen Verbrecher gab. So lange ist es her, dass ich jung war: Als Verbrecher noch was Besonderes waren.

19. Februar 2013
Was ist, sagt die Katz, was sitzt du einfach?
Ich wollte etwas schreiben, sage ich.
Ja und?
Eigentlich weiß ich gar nicht, was.
Dann hör einfach auf zu denken.
Geht das?
Ich tu's die ganze Zeit.
Was tust du?
Nicht denken. Versuch's mal.
Ich weiß nicht. Ich hab ein bisschen Angst, dass mein Kopf danach leer ist.
Ist doch gut, dann hast du nachher was zu schreiben.
Über leere Köpfe.
Stimmt, Katz. Hast wieder mal recht.

18. Februar 2013
Gestern an der Vernissage saß der Maler an einem Tischchen, und die Gäste zirkulierten durch den Raum

und sahen sich die ausgestellten Bilder an: die Pfingstrosen in Vase und Zitronen auf Teller und Kirschen neben Tonkrug und Küsten in Spanien und Bäume am Rhein. Der Maler blickte vor sich hin und hielt die Hände aneinander und rührte sich nicht. Man hat ihm eine Ausstellung organisiert, hat die Bilder aus vergangenen Jahrzehnten für ihn ausgewählt. Der Maler kann mit dem Mund keine Wörter mehr bilden und mit der Hand keinen Pinsel mehr halten, sein Gesicht ist rot und seine Hände sind blau, und erschreckt hofft man, dass er sein Leben, in dem es mal Kirschen und Pfingstrosen gab, noch irgendwie mag.

17. Februar 2013
Frau Leibundgut ist böse auf mich. Ich kenne sie nicht, ich habe nur angerufen, um einen Termin beim Arzt abzumachen. So wie sie klingt, bin ich schuld, dass ich zum Arzt muss. Bin ich schuld, dass ich an einem Dienstag oder Mittwoch kommen möchte. Bin ich schuld, dass ich Unterlagen mitzubringen habe. Bin ich schuld, dass ich nüchtern vorbeikommen soll. Bin ich schuld, dass ich eine Telefonnummer habe, die ich hinterlege. An allem, was ich bin und mache, bin ich schuld. So klingt sie. Ich habe ihr nichts getan. Wenn ich ihr in der Praxis gegenüberstehen werde, werde ich schuld sein, dass ich aussehe. Ach, Frau Leibundbös, lassen Sie mich doch in Frieden.

16. Februar 2013
Bei Migros habe ich heute zwei Frauen zugehört, sie waren etwas jünger als ich, sehr nette Frauen. Beim

Zuhören wurden sie mir immer fremder und irgendwann dachte ich, ich gehöre nicht zu denen, zu wem gehöre ich eigentlich? Sie haben nichts anderes gemacht als von Filet im Teig gesprochen, warum sind sie mir deswegen so fremd geworden? Ich verstehe mich nicht. Wahrscheinlich bin ich seltsam. »Sie kommen um acht, ja, auch Elsi, das Filet kann ich schön vorbereiten, es muss ein Nierstück sein, sonst wird nichts draus, und ja nicht Fertigteig, der ist nichts wert. Wir haben immer Filet im Teig gemacht, der Erwin mag's auch gern, und die Kinder damals auch, jetzt isst Max nichts Schweiniges mehr. Aber der Max kommt kaum mehr vorbei. Ich mache immer Bohnen zum Filet im Teig und ich mache ein paar Teigröschen oben drauf, das sieht nett aus. Der Metzger dort ist neu, den habe ich noch nie gesehen, hast du den schon gesehen?«

15. Februar 2013
Ein Meteoritenregen verursacht Sachschäden in sechs Städten. Das Vogelhaus hat ein vierzig Zentimeter dickes Schneedach. Was kommt sonst noch grad so vom Himmel? Eine Eingebung nicht. Ein Engel auch nicht. »Engel« bedeutet im Türkischen: Hindernis. »Armut« bedeutet dort: Birne. »Tabak« bedeutet dort: Teller. Die Wörtererfinder in aller Welt haben sich nicht abgesprochen. Kinder sind gut im Wörter-Erfinden. Das wird ihnen dann ausgetrieben. Sie müssen so reden wie jedermann, jedefrau, jedeskind. Man muss gleich sein, dann fällt man nicht auf. Wenn man nicht auffällt, merkt niemand, dass man anders ist. Dass man anders ist, bleibt ein Geheimnis.

14. Februar 2013
Endlich: Das Reh oder die Rehe waren da, um Heu aus dem Futterstand zu rupfen. Man sieht es an den Spuren im hohen Schnee und am weniger und unordentlich gewordenen Heu. Gesehen haben wir die schönen Wesen nicht, aber bestimmt kommen sie wieder, haben unseren Futterstand in ihrem Adressbuch eingetragen. Jetzt heißt es warten wie im Märchen: Der Wind hat schon mal drei goldene Haare der Prinzessin hergeweht – jetzt muss sie auch noch selber vorbeikommen. Ich habe im Herbst im Wald ab und zu mit zwei Rehen geredet und sie haben sich nicht gerührt und zu mir hergeschaut, was vielleicht hieß, dass sie zuhörten. Und ich habe mich beim Reden vorsichtig umgesehen, ob nicht ein Jogger oder ein Hundemensch daherkommt, der sich fragt, was die komische Alte im Wald da vor sich hinredet. Kommt doch zu uns in den Garten, ihr Schönen, habe ich zu den Rehen gesagt, die Lücke im Zaun ist immer offen für euch. Das haben sie wohl nicht kapiert, zumindest hat es sehr lange gedauert. Wie gescheit ist eigentlich ein Reh?

13. Februar 2013
Der Papst ist zurückgetreten. Heißa! Was für eine Sensation. Und das alles nur, weil ein alter Mann sagt: Ich mag nicht mehr und kann nicht mehr, ein alter Mann, der einen schlechten Job gemacht hat, das fanden zumindest 999 Promille der Menschen, die wussten, dass es diesen alten Mann gibt. Heißa! Im dreizehnten Jahrhundert ist mal ein Papst zurückgetreten, dann nie wieder. Zitternd,

hinkend, gebückt haben sie bis zum Ende ihre Unfehlbarkeit durchgestanden. Heißa! Der Blitz soll in die Peterskuppel eingeschlagen haben, ein Bild von Blitz und Kuppel ist heute in der Zeitung, als Beweis dafür, dass sogar der HERR himself vom Rücktritt überrascht wurde. Jetzt müssen sich die Erzkatholischen mit der erzphilosophischen Frage auseinandersetzen, ob der Nichtmehrpapst unfehlbar bleibt, auch wenn der Neupapst die Unfehlbarkeit übernommen hat. Und wenn der Nichtmehrpapst seine Unfehlbarkeit verliert, werden dann damit auch seine dazumaligen Entscheidungen als Papst fehlbar? So was gibt noch lange zu denken, amen.

12. Februar 2013
Während 24 Stunden trage ich ein Gerät, das meinen Blutdruck misst, jede Viertelstunde umklammert es meinen Oberarm und surrt, und ich stelle mir vor, ich sei ferngesteuert, sei ein Roboter, gleich fahren Impulse in die Oberschenkel und machen, dass ich aufstehe und abwechselnd die Beine hebe, die Treppe abwärts stampfe und mich durch die offene Terrassentüre Richtung Wald bewege, es surrt in mir, obwohl ich nichts dafür tu, und die Kälte spüre ich nicht und die dicken Flocken, die auf meine Metallschultern fallen, spüre ich nicht, und die wunderbar verschneite Landschaft rührt mich nicht, ich reagiere nur auf das Surren und das Piepsen in meinen Bestandteilen, und würde ich ein Gedicht machen über den Winterwald, hieße es gnr zszs gnr zszs. Ohne Titel.

11. Februar 2013
Im Jahr 2017 wird ein Gerät erfunden werden, das misst, wie oft man angeschaut wird, es misst die Ablagerungen der Blicke. Sehr hohe Werte erreichen Kleinkinder-Mütter und Lehrpersonen. Stars erreichen nicht Spitzenwerte, wie man meinen könnte, denn für das Gerät sind Zeitungspapier oder Bildschirme totale Blocker, es misst nur ganz direkt von Mensch zu Mensch oder allenfalls von Tier zu Mensch. Es misst auch nicht die Qualität der Blicke, macht also keinen Unterschied zwischen wuterfüllt und schmachtend. Ob die Blickablagerungen als Materie gesammelt und allenfalls verwertet werden können, ist noch unklar. Man arbeitet aber bereits an den Möglichkeiten eines Reinigungsverfahrens. Es soll bei älteren Leuten entlastend und befreiend wirken, so dass sie unter Umständen sogar ihre alte Körpergröße zurückgewinnen.

10. Februar 2013
Dicke Türme von Schnee, sonnenbeleuchtet, knallblauer Himmel, Zeit, die Stubenluft hinter sich zu lassen, in die Stadt hinunter zu wandern zum Beispiel. Dort unten am See wird mir wieder mal klar, wie verschieden uns die gleiche Welt auf die Augen knallt. O. zeigt mir Tafelenten und Kolbenenten und Reiherenten und welche Schwäne und welche Möwen jung sind und dass die Schwäne beim wütenden Aufplustern ihr Volumen vergrößern und welches der Unterschied ist zwischen männlichen und weiblichen Haubentauchern und dass es im Gebüsch doch noch Spatzen hat, zuhause haben wir keine mehr.

Währenddessen sehe ich eine Mutter mit zwei Kindern, die für die Wasservögel hartes Brot zerstampfen, und ich sehe, dass sich der ältere Bub zu kurz gekommen fühlt, und ich frage mich, ob die Mütze der Mutter selbstgestrickt ist, und ich sehe, dass die Mutter versucht, den Passanten anzusehen, ob diese ihre Kinder nett finden oder nicht, und ich sehe eine weggeworfene Schokoladenpackung, die ausschaut, als wär noch ein Drittel drin. Später auf dem Weg, nach zweihundert Metern vielleicht, weiß ich nicht mehr, welches die Tafelenten und welches die Kolbenenten sind und welche an den Füßen Lappen haben und welche stattdessen Schwimmhäute. Ich würde mir das gern alles merken, aber es zieht leise davon wie das Ausflugsboot auf der anderen Seeseite.

9. Februar 2013
Mit Medikamenten wird der Blutdruck wieder eingefangen, aber haut noch mal ab, als E. anruft und sich für unsere Briefe bedankt und sich für immer verabschiedet. Isst nichts mehr, schläft nicht mehr wegen der Schmerzen, stirbt davon. Was sagt man? Also dann. Oder: Mach's gut. Oder: War schön, dich zu hören. Oder: Scheiße, diese Sterberei. Warum hat der Herr im Himmel für seine Lebewesen nicht ein besseres Verschwinden erfunden?
Gestern im Güterbahnhof die Werke der Zürcher Künstler Otto Müller und Trudi Demut gesehen. Besonders die Demut hat wunderschöne Bilder und Plastiken hinterlassen. An den Bildern fängt die Farbe schon an abzublättern, im alten Bahnhof ist wohl die Luft nicht

das Richtige für sie, und wenn man in drei Monaten den Bahnhof abreißt, weil dort eine Polizeizentrale entstehen soll, dann landen die Kunstwerke vielleicht in einer noch feuchteren Unterkunft oder aber in der Verbrennungsanstalt Hagenholz. Dann war alles, was sich Trudi dachte, für die Katz. Aus.

8. Februar 2013
War beim Arzt, weil der Blutdruck ausgerissen und über 200 weit davongerannt ist. Und ich fange an, ein bisschen zu zittern, weil die Angst mir etwas flüstert, was sie vielleicht gar nicht müsste, aber manchmal bin ich wie die Katz: Sie liegt auf meinem Tisch und fängt an zu schnurren, weil ich mit ihr flüstere, dabei hab ich sie nicht mal berührt.
Eine andere Katz, der Raubkönig des Quartiers, lauert am Boden vor dem Vogelhaus, sie hat gemerkt, dass sich unterm tiefen Schnee etwas tut, eine Maus holt sich heruntergefallenes Futter, und die Katz holt sich die Maus, indem sie sich kopfvoran in den Schnee stürzt. Dann trägt sie die Maus davon, es sieht aus, als hätte sie ein Junges im Maul.

4. Februar 2013
Heute steht ein Gedicht von Benn in der Zeitung. Es steht jeden Tag ein Gedicht drin. Und ich fange es jeden Tag zu lesen an und höre oft in der Mitte auf, mit einem kurzen Bedauern zwar, aber auch mit der Gewissheit des Alters, dass ich nichts Gedichtetes zu lesen brauche, das mir nicht gefällt. Aber manchmal gibt es Zeilen, die

leuchten richtig auf und leuchten richtig ein, und man liest sie noch mal von vorn bis zum Schluss und danach blinken sie im Kopf noch eine ganze Weile weiter. So was nennt man wohl ein Kleinod, wobei ich nicht recht weiß, was ein Od ist, gibt es auch Großode? So fängt Benns Gedicht an: »Durch so viel Formen geschritten, durch Ich und Wir und Du …«

3. Februar 2013
Gestern am Gesangskonzert gab's Schönes, aber auch gellende Sopranistinnen und einen quetschenden Tenor, nicht so erfreulich, und man fragte sich, ob wohl dem Menschen, aus dem die Stimme kam, sein Tonprodukt gefiel. Dann war da noch einer, erst achtzehn, der sang ganz wunderbar und ganz selbstverständlich, ein tiefer weicher Bariton, er sang etwas von Händel, und sein Gesicht sah ein bisschen aus, als sei er selber verwundert, dass er die Ursache sei von so viel schönem Klang. Er war ein langer Mensch und hatte lange Haare wie ein Mädchen. Aus dem wird was. Was für ein dummer Satz. Aus jedem wird was. Mehrheitlich nichts Bemerkenswertes.

2. Februar 2013
Beim Schreiben einer Geschichte ist das Namengeben nicht ganz einfach. Man will keine Namen verwenden von Leuten, die es tatsächlich gibt, und auf keinen Fall von Leuten, die man kennt und mag. Die Namen sollen sich zum Vorlesen eignen. Die Autorin muss die Namen bis zum Schluss der Geschichte aushalten. Sie sollen

einigermaßen hundsnormal sein, der Leser soll nicht über Namen stolpern, er sollte, wenn's geht, überhaupt nicht stolpern. Ich habe im ersten Kapitel meines neuen Buchs, ohne viel nachzudenken, eine Nebenfigur namens Annakatharina ins Leben gerufen, von Beruf Lehrmädchen. Jetzt, im elften Kapitel, wird die Annakatharina Hauptperson. Eltern, Bruder, Liebhaber kommen ins Spiel. Wie wird sie von denen gerufen? Anneköthi: zu schweizerisch. Annakathi: immer noch lang. Anka: erinnert an Butter. Ich könnte die Annakatharina im Computer-Programm »Suchen-Ersetzen« mit einem Klick überall aufspüren und umtaufen. Tu's aber nicht, irgendwie mag ich sie schon zu sehr.

1. Februar 2013

Warmer Regenschauer, erste Schneeglöckchen, Tümpel, wo eben noch Schnee lag. Jetzt dauert es nicht mehr lange ... Ach wo, wir werden noch ein paarmal unterm Schnee begraben und von der Kälte beschossen. Man macht sich die Hoffnungen immer zu früh. Bei Kindern, bei Krankheiten, bei Arbeiten. Zurückblickend denkt man dann: Ich hab's doch immer gewusst, geahnt, prophezeit.
Lieber Rumpelstilz, was wird aus meinen Enkeln, wie lange tut's mein Körper noch, mein Kopf, und das, was man Seele nennt? Lieber Rumpelstilz, was wird aus meinem neuen Buch? Wird's gut? Oder mittelmäßig oder schlecht und somit für die Katz? Die zeigt schon jetzt kein Interesse, schaut aus dem Fenster in den Regen, und das reicht ihr.

30. Januar 2013

Irgendwelche Idioten haben zehn Zwergelefanten vergiftet. Stand heute in der Zeitung, dazu ein Bild. Ein Elefantenkind haben sie nicht erwischt, ein sehr kleines noch. Das steht nun neben dem Kopf seiner toten Mutter und berührt mit dem Rüssel deren Auge, versucht wohl, das Auge wieder aufzumachen. In der gleichen Zeitung stand, dass im syrischen Krieg wieder siebzig Menschen umgekommen sind, durch Kopfschuss. Sie lagen mit zusammengebundenen Händen in einem Flussbett. Ein Bild zeigt ein paar der weiß verhüllten Leichen. Das Elefantenkind hat mich mehr erschüttert als die syrischen Toten. Was bin ich bloß für ein Mitmensch.

29. Januar 2013

E. schreibt, dass er das Todesurteil erhalten hat, Krebs in der Bauchspeicheldrüse, Metastasen in der Leber. Nichts mehr hilft. Er nimmt's, wie es kommt. Ausgerechnet E. Warum kommen nicht zuerst die Ekligen dran? Wäre E. ein Monat, dann wär er ein schöner Juni oder ein schöner September. Wenn er auftaucht, ist es, als ob er einen freundlich umarme, auch wenn er einen gar nicht anfasst. Und jetzt ist er sogar noch freundlich zum Tod, der ihn so tückisch anspringt, er schreit ihn nicht an, er wehrt ihn nicht ab. Er nimmt's, wie es kommt. Das ist einfach furchtbar.

28. Januar 2013

Die Katz beobachtet mich, sie hat's nicht gerne, wenn ich durchs Haus flitze, sie will, dass ich mich endlich

niederlasse, am besten am Computer, denn da ist gleich
auch noch die Heizung, die ihren neunjährigen Knochen
wohltut. Kürzlich wurde sie von der Nachbarskatze
gefragt: »Was macht eigentlich deine Alte so?«, und da
hat sie geantwortet, sie wisse es nicht so genau, sie sitze
vor einem schwarzen Kasten und bewege die Finger,
vor allem die beiden Zeigefinger, das mache dann so ein
Geräusch wie Kiesel im Bach oder sehr große Regen-
tropfen auf Asphalt, man könne dazu ausgezeichnet
schlafen.

27. Januar 2013
Ich sitze schon auf der Kante des Sofas, weil ich eigentlich
aufstehen und in mein Zimmer zu meinen Büchern gehen
will, aber da bleibe ich fernsehend sitzen, weil gerade
Juden aus einem Haus geprügelt werden und eine Mutter
mit Kind sich retten kann, und ich denke, na ja, ein
Holocaust-Drama mehr, die Film- und Fernsehindustrie
lebt schon bald von diesem Thema, man schaut sich das
eben gerne an und sagt sich, zum Glück war ich nicht
der Böse, ich wäre bestimmt der Gute gewesen, oder
vielleicht doch nicht? Und dann der nostalgische Blick auf
die Damenmode, die Hüte, die schlabbrigen eleganten
Kleider, die schicken Schuhe, in denen sie durch die
Trümmer stolpern. Ich sitze also auf der Sofakante und
schaue bis zum Schluss, immer auf der Kante, weil es
so dramatisch und so abgrundtief traurig ist und weil
man die ganze Zeit weiß, das alles ist nicht erfunden,
ist millionenfacher wahrer Horror. Jo Baier: »Nicht alle
waren Mörder«.

26. Januar 2013
Schon so lange lerne ich jetzt Türkisch, und so wenig
bleibt hängen. Es ist, als ob ich eine Wand wieder und
wieder neu übermale, und wieder und wieder blättert die
Farbe ab. Die Wörter tauchen auf im Nebel, tanzende
Schemen, ich weiß, ich hab sie schon mal gesehen, aber
ich erinnere mich nur noch unscharf, zum Beispiel an
die ersten zwei Buchstaben. Das hängt wohl mit vielem
zusammen: dass es mir zu wenig wichtig ist, dass ich
zu alt bin, dass ich zu wenig dafür tue, dass ich mich
jahrzehntelang nur in europäischen Sprachen ausgiebig
getummelt habe. Was für eine fremde Sprache würde ich
lernen wollen, wenn ich noch mal auf die Welt käme?
Ist mir eigentlich egal, welche, nur richtig möchte ich
sie können, so richtig präzise, hoch überm schwafelnden
Nebelmeer. Und als Sprache, die man mir gratis in die
Wiege legt, wähle ich: Deutsch bitte sehr, grad noch mal.
Davon bedanke ich mir bei sie von Herz.

25. Januar 2013
Der Gärtner und sein Lehrling schneiden Sträucher und
Bäume, ein mit Ästen hochbeladener Wagen steht schon
vor dem Haus, das hat alles mal gegrünt und geblüht
und könnte immer noch ausschlagen, wenn man's an
die Wärme und ins Wasser stellte, jetzt wird es dann
irgendwo verhäckselt und kommt in die Erde. Ich möchte
nicht verhäckselt werden, bevor ich in die Erde komme.
Noch liegt Schnee, aber darunter klopft man schon und
bittet um Einlass ins Licht, es klopfen die Schneeglöckchen und Krokusse und Tulpen und Primeln und die,

die so wunderbar blau werden wollen unter der Eiche und nicht wissen, dass sie Scilla heißen, und vielleicht klopft auch ein Maulwurf, dem es in der nassen kalten Dunkelheit dort unten endgültig verleidet ist, obwohl er als Maulwurf programmiert ist.

24. Januar 2013
Der neue Text hat inzwischen 136 Seiten und einige neue Figuren, die ich mehr oder weniger mag. Ich möchte sie nicht alle zum Essen einladen. Eigentlich möchte ich keine einzige einladen, ich befürchte Vorwürfe. Ich sei schnodderig gewesen, ungenau, lieblos, schadenfreudig. Ich sei eine Voyeuristin, zerre Intimes ans Licht. Und überhaupt, was geht dich das an, was wir denken? Du sagst doch immer, dein Lieblingslied sei »Die Gedanken sind frei«, das sagt du, Angelika Waldis, alte Schachtel, und kommst dir gut vor, also hör auf, uns ins Hirn zu leuchten. Wenn du so weitermachst, werden wir dich eines Tages mal grausam erschrecken, wir, deine Figuren aus deinem Fleisch und Blut. Das hast du dann von deiner Schamlosigkeit.

22. Januar 2013
Heute steht in der Zeitung, dass Herr Ernst vom Hauseigentümerverband in seiner Rede sagte, ein Hausbesitzer könne sein Haus entweder so belassen oder renovieren oder abreißen. Das bringt einen auf die Idee, man könne Herrn Ernst entweder so belassen oder anders einkleiden oder an Ort und Stelle erschießen. Ich bin Herrn Ernst dankbar, denn ich weiß nun: Ich kann mich so belassen oder mit

einer Volltätowierung verändern oder in einem Säurebad
auflösen. Ich blicke aus dem Fenster und sehe einen
Vorhang aus rieselndem Schnee und denke, wie schön ist
das – und wie unschön das, was mir durch den Kopf geht.

21. Januar 2013
Ich trage heute fünf Bücher in die Bibliothek zurück, es
ist keines dabei, das ich gerne behalten möchte, das ich
nicht vergessen möchte, es sind gut gemachte Sachen, aber
man sieht ihnen das Machen an, und ich möchte beim
Lesen das Gemachtwordensein, so gut es geht, vergessen.
Wenn ich das kann, erhält das Buch meinen Segen: Geh
hinaus in die Welt und verbreite dich und erschüttere die
Leute mit deinem erfrischenden Geist und deiner uralten
Seele, auf dass diese lachen und weinen, was sie aber
nicht können, weil sie keine Zeit dazu haben, denn sie
müssen weiterlesen, weiterlesen, weil du so spannend bist,
du wunderbares Buch, geh von dannen und verbreite
dich fortan.
Ich warte geduldig, bis ich wieder einmal auf so ein Buch
treffe.

20. Januar 2013
Zehn Schwanzmeisen! Warum schreibe ich das auf? Tut
das irgendwie zur Sache? Was ist Sache? Zehn Giftmörderinnen! Klingt schon eher nach Wichtigkeit. Aber
wichtig für wen? Zehn freilaufende Giftmörderinnen,
da hingegen wird man hellhörig. Und vor allem bei zehn
freilaufenden Giftmörderinnen in der Küche der McDo-
nald's-Filiale am Stauffacher. Vielleicht spritzt eine von

ihnen Arsen ausgerechnet in meinen Burger. Auch wenn ich selten dort einen Burger esse, geht's mich eigentlich doch mehr an als zehn Schwanzmeisen an meiner Futterstelle. Trotzdem schreib ich es auf: Zehn Schwanzmeisen am zwanzigsten Januar! Ha!

19. Januar 2013
Gestern habe ich im Kino geweint über eine Mutter und ihren Sohn. Seltsam, dass solches Weinen geht, denn die Mutter war nicht meine Mutter und der Sohn nicht mein Sohn, und dann waren sie erst noch nicht echt, sondern gespielt und trotzdem fingen meine Tränendrüsen wie wild zu arbeiten an und mir wurde ganz eng im Hals. Man kann also erfindend Tränen fabrizieren bei irgendjemandem, und diese Einsicht gibt mir als Autorin ein ziemliches Machtgefühl, ich weiß nicht, ob das ein gutes Gefühl ist. Seltsamerweise ist es sehr viel schwieriger, erfindend bei irgendjemandem ein Gelächter auszulösen. Der Film, in dem ich weinend saß, heißt übrigens »Quelques heures en Printemps«, und der Tränenfabrikant heißt Stéphane Brizé.

18. Januar 2013
Gestern hätte meine Mutter Geburtstag gehabt, wäre hundertundfünf Jahre alt geworden, und im Pflegeheim hätte sie vom Gemeindepräsidenten einen Blumenstrauß bekommen, und der Heimleiter hätte ihr eine Gabel voll Geburtstagstorte in den Mund geschoben, und die Urenkel wären an ihrem Bett gestanden, und der eine hätte sich gefragt, was denn hier so rieche, und der

andere hätte auf ihre langen Ohren gestarrt, und sie hätte gemeint, ich sei ihre Mutter, und gesagt, ob sie jetzt das Hühnerhäuschen bekomme, das sie sich wünsche, und der Heimleiter hätte ihr freundlich über die pergamentene Hand gestrichen und gesagt, es sei zum Wünschen nie zu spät, mögen Sie noch ein bisschen Torte?

17. Januar 2013

Alles weiß und gefroren, es schneit. Hochbetrieb beim Vogelhaus, sechs Amseln – ich stell mir vor, wie sie in einem Monat zu singen anfangen, wenn's noch dunkel ist – dazu ein Specht, ein Eichelhäher, eine Rotbrust, Haubenmeisen, Blaumeisen, Kleiber. Die Kohlmeisen zähl ich gar nicht auf, weil ich sie gar nicht mehr beachte, so viele sind es. Das Wenige ist immer interessanter als das Viele, jawohl Frau Phrasendrescher. Die Katz sitzt bei mir am Fenster und gibt manchmal einen leisen Ton von sich, wenn ihr die Vögel zu viel werden. Aber meist ist sie ruhig, hat die Lust auf die Vogelhatz in die Schwanzspitze verdrängt. Stille Welt hier – und anderswo schießen sie einander gerade tot. Nie verkriecht sich das Böse frierend in ein Loch, es ist immer munter unterwegs und schaut sich am nächsten Tag in der Zeitung an, was es alles geleistet hat.

4. September 2012

Die Katz sitzt neben dem Computer und beobachtet mich mit geschlossenen Augen. Wir sind beide still. Als meine Finger auf den Tasten klappern, fängt sie an zu schnurren. Irgendetwas hat ihr ein Behagen verschafft. Sie schnurrt nur kurz und ist gleich wieder still. Angenommen, mein Schnurren wäre hörbar, dann wäre es wohl auch so wie bei der Katz: kurz und aus heiterem Himmel. Bin eigentlich gern am Leben, würde mein Schnurren sagen, und dann wär's wieder still und würde Platz machen fürs Murren. Angenommen, mein Murren wäre hörbar, dann ginge ich damit in den Wald und würde ihm lange zuhören und sagen, recht hast du.

3. September 2012
Try to remember a day in September – heißt er so, der schöne Song? Den heutigen Tag werd ich eher nicht zum Erinnern auswählen: Der Elektriker ist wegen des kaputten Kühlschranks gekommen, der Wein wurde geliefert, ein Termin mit dem Kaminfeger wurde abgemacht, ein Termin für die Graue-Star-Operation am anderen Auge wurde abgemacht, der Grün-Container wurde geleert, die Post wurde gebracht, nämlich ein Migros-Magazin, sonst nichts, der Himmel wurde grau, und dann ward Mittag. Hat nicht Christa Wolf über Jahrzehnte jedes Jahr den gleichen Tag im September beschrieben? Hab ich mal gelesen, weiß nicht mehr viel davon. Erschien mir ziemlich pflichtübungsmäßig. Ich will das Buch wieder mal aus dem Keller holen, wo meine ganze literarische Sammlung lagert und einen leichten Modergeruch ansetzt.

2. September 2012
Es ist so kalt, dass meine Fingerspitzen eisig sind. Zwar habe ich zum Schreiben die fingerfreien Handschuhe

angezogen, aber das nützt wenig. Und ich bräuchte doch Fingerspitzengefühl beim Schreiben, damit ich nicht so grob daherkomm. Scheißkälte. Wetterkacke. Das Zeitunglesen vorhin hat mich aggressiv gemacht. Überall geben sie einander aufs Dach. Im Namen von Allah und Jesus und der heiligen Demokratie. Zum Schutz vor dem Bösen schießen sie einander tot. Sie erfinden Fesselungen, in denen man sich selber erdrosselt, wenn man sich daraus befreien will. Sie bewahren Föten vor Abtreibung, damit aus ihnen mutige Soldaten werden. Herr Gott noch mal. Deine Erfindung, dieser Mensch? Guten Sonntag noch.

1. September 2012
Heute ist Verenatag. Meine Schwester war nie zufrieden mit diesem Namen. Sie sagte, Kühe heißen Vreni. Mir hat gefallen, dass sie so hieß, mir hat alles an ihr gefallen, ich wartete gierig auf jedes Kleid, das ich von ihr erben konnte. Mein Vater sagte mehr als einmal, er gehe jetzt auf das Grab seiner Mutter und erschieße sich, er hat es nicht getan, aber wir hatten trotzdem Angst. Seine Mutter hieß Verena. Sie soll so streng wie fromm gewesen sein, und mein Vater verehrte sie, sie starb, als er neun war. Niemand sonst denkt gern an diese Verena zurück, an strenge Fromme und fromme Strenge denkt man im Allgemeinen nicht gern, lieber an lustige Tunichtgute. Ich sollte wohl häufiger etwas nicht gut tun.

31. August 2012
Die Katz hat etwas gesagt, zwei Mal, aber ich hab es nicht verstanden. Ich habe immer gemeint, ich verstehe

Katzisch, zumindest ein bisschen. So wie ich ein
bisschen Türkisch verstehe. Kedi bir şey söyledi ama
anlamadım. Ich weiß nicht genau, was schlimmer ist,
das Nichtverstehen oder das Nichtverstandenwerden.
Die Katz hat sich abgedreht und davongemacht. Und
lässt mich einfach hier sitzen. So ist das halt. Genau
genommen verstehen sich nicht mal zwei, die die
gleiche Sprache sprechen. Meiers Wörter sind nie ganz
kongruent mit Müllers Wörtern. Und Meiers Satzbau
hat nie exakt die gleiche Farbe wie Müllers Satzbau.
Meier und Müller erraten einander. Und erstaun-
licherweise klappt das Leben durch Erraten ziemlich
gut.

30. August 2012
Regen, Regen, laut und heftig, wäscht alles weg,
schwemmt alles an, Probleme, Ängste, Hoffnungen,
Illusionen, alles rauscht davon und kommt um die
Hausecke zurück, und es ist, wie es war. Nur mehr
Schnecken gibt's, sie sind aus den Verstecken gekommen,
um zu feiern, und meine Haare kräuseln und gräuseln
sich vor so viel Feuchtigkeit. Schon denkt man mit
Wehmut an den Sommer, den heißen wilden Kerl, lange
wird's dauern, bis er wieder daherfaucht, dann sind wir
ein Jahr älter und grauer und müder. Man müsste
das kalte Halbjahr nutzen fürs kühle Denken, fürs
Aufräumen im Kopf, fürs Platzmachen, aber Platz wofür?
Den Herbst mag ich nicht sonderlich, zum Teufel mit
den Farben, mit Bunt-sind-schon-die-Wälder. Heißt ja
englisch auch Fall, der Herbst, das fallende Jahr.

28. August 2012
Heute hat eine Frau Geburtstag, die eine Freundin ist aus Kinderzeiten, blond war sie und hübsch und lachte viel. Jetzt ist sie in einem Heim und sieht kaum noch was und geht an einem Rollator und hat allen Glamour ablegen müssen und mag nicht, wenn man sie anruft. Das Leben hat nicht gebracht, was es sollte. Trotzdem versteckt sie sich vor dem Tod. Sie hat immer betont, dass sie am gleichen Tag Geburtstag hat wie Johann Wolfgang von Goethe, sie hat von allen Seiten Glanz auf sich geladen, jetzt ist der Glanz weg, und sie mag wie gesagt nicht, wenn man sie anruft. Aber eigentlich wär ich doch eine Freundin, und an Geburtstagen rufen Freundinnen doch an und wünschen etwas Gutes, aber was Gutes wär für sie »Stirb schön«, und so was wünscht man sich nun mal nicht.

27. August 2012
Es ist möglich, dass die Katz keine Zähne mehr hat, aber sie will sich nicht ins Maul schauen lassen. Die beiden großen Vampir-Zähne, die aus dem Maul herausragten, hat sie schon lange nicht mehr und sieht seitdem zahmer aus. Wenn sie nichts mehr beißen kann, muss man mit ihr nach Ungarn reisen und ihr dort ein Gebisslein machen lassen. Aber sie führe wohl ungern nach Ungarn. Mein neuer Text hat jetzt 50 Seiten, und ich hab mit dem Suchen-Ersetzen-Programm ss durch ß ersetzt, wo nötig. Nötig nach Duden, nicht nach mir, ich finde es dumm zu schreiben: Er *weiß*, was er nicht *wissen* kann. Jetzt bin ich 72 und halte mich immer noch an Regeln. Selber schuld.

Aber die Freiheit der Närrinnen macht mir vorläufig noch Angst. Hab *Schiss* beim *Scheißen*.

26. August 2012
Heute wieder drei Rehe, eines schaut hoch, zwei grasen weiter, ich frage mich, was durch ein Rehhirn geht während des Grasrupfens. Durch mein Hirn geht, während ich laufe, eine Geschichte von Jeremias Gotthelf, eine von den »wilden, wüsten«. Keiner getraute sich heute, so was zu verfassen und einem Verleger vorzulegen. Zu langsam, zu plump, zu schwarzweiß, zu unglaubhaft, würde der sagen, wem soll ich so was verkaufen? Leicht, rasch, raffiniert soll eine Geschichte daherkommen, in Andeutungen und Auslassungen und mit einem Feuerwerk zwischen den Zeilen. Recht haben Sie, Herr Verleger. Bloß, warum hab ich Gotthelfs Geschichte »Kurt von Koppigen« eigentlich gern gelesen?

24. August 2012
Mag nicht aufschreiben, was ich gestern Nacht geträumt habe, es war so brutal wie ungewöhnlich. Ich schreibe lieber von Herrn Breyvik, der etwas Brutales und Ungewöhnliches gemacht hat, er hat 77 Menschen umgebracht, in Norwegen, vor einem Jahr. Heute Morgen ist er verurteilt worden, so wie er es sich wünschte: Höchststrafe und dann verwahrt, weil zurechnungsfähig. Wäre er als unzurechnungsfähig erklärt worden, hätte man ihm die lange aufgebaute Show zerstört. Alles, was er gemacht hat, hat er eingeübt. Auch noch das Lächeln im Gerichtssaal. Jetzt ist er so weit: Er geht als Held des Bösen in

die Annalen ein. Was sind eigentlich die Annalen? Eine
Inselgruppe im Jenseits?

23. August 2012
Eine elektrisierte Nacht, haufenweise Blitze und ein fetter
Donner. Dann fiel Regen so heftig, als presste ihn jemand
zu Boden. Ich lag im Bett und dachte an die Blümelchen,
aus, Ende. Aber ha, sie stehen noch, haben nicht alle
Blütenblätter verloren. Malven, Phlox, rot und blau und
weiß, Herbstanemonen, Königskerzen ... sollen bitte
noch ein Weilchen bleiben. Vor zwei Monaten, in der
Türkei, als wir im Euphrat und Tigris die Füße badeten,
hat man von einem Konflikt in Syrien gesprochen.
Inzwischen ist aus dem Konflikt ein Krieg geworden, und
an der türkisch-syrischen Grenze – Oliven, Staub und
brauner Horizont – leben 30'000 Syrer in Flüchtlings-
lagern. Und der Kellner im Hotel in Mardin hat wohl
keinen Kontakt mehr zu seiner syrischen Verlobten.

22. August 2012
Eigentlich schade, dass meine Enkel inzwischen so
korrekt bis gewählt reden. Umso mehr hat es mich
gefreut, dass L. gestern sagte, im Schwimmbad-Wasser
habe es eine Drüse. Wie munter so ein einziger Buchstabe
wirken kann. Habe heute eine kleine Bougainvillea
gekauft und will versuchen, sie durch den Winter zu
bringen. Seltsam, an den Winter zu denken, wenn's
draußen 33 Grad heiß ist. Die Katz ist zu schlapp, um sich
hinzulegen. Sie schläft im Sitzen ein. Manchmal öffnet
sie die Augenschlitze, damit ich das Türkisgrün ihrer

Augen nicht vergesse, und macht sie gleich wieder zu.
Sogar die Kirchenglocken klingen schlapper.

21. August 2012
Habe in der Hitze die Beerensträucher geschnitten, das
Kraut dazwischen gesichelt, mich stechen lassen von den
Mücken und brennen von den Nesseln, bei der Arbeit
einen hochroten Kopf gekriegt, dabei habe ich mich
überhaupt nicht aufgeregt, im Gegenteil, ich blieb ganz
gelassen. Die Sträucher werden es mir nicht übelnehmen,
wenn ich sie falsch schneide, sie werden wieder wachsen
und grünen und blühen und fruchten, und wenn sie
nicht viel fruchten, macht mir das nichts aus, weil ich
dann keine Konfitüren einkochen muss, Konfitüren, die
eh niemand isst, nur O., der sich beim Konfitürenessen
beklagt, dass er der einzige Konfitürenesser ist. Die
Spinne sitzt nicht mehr vor meinem Fenster, dafür ist
zwei Mal ein Milan zur Wiese abgetaucht, so nah, dass
ich die ausgestreckten Füße gesehen habe. Huch, die
hat meine nackten Füße gesehen, hat er sich gedacht
und ist beschämt ins Versteckte geflogen. So macht man
schlechte Geschichten, es ist leider sehr einfach.

20. August 2012
Erstmals geht das Schreiben im neuen Text etwas
leichter, auf Seite 35 mittlerweile. Heißt das nun, dass
er besser wird oder schlechter? Heute mein tägliches
Pensum wieder getippt. Wenn ich den Laptop schließe,
denke ich nicht mehr an den Text. Ist das nun ein gutes
Zeichen oder ein schlechtes? Drei Freundinnen sind in

die Altersdepression gestürzt, tief bis abgrundtief. Auch der Nachbar nimmt entsprechende Medikamente. Und die Nachbarin im Tessin, sagt O., bleibt unversehens im Hof stehen und starrt in ein Loch, sie spinnt. Vor meinem Fenster sitzt immer noch die Spinne, und ich kann gratis zusehen, was sie fängt und wie.

19. August 2012
Eine Spinne hat mir ein Netz vors Fenster gehängt. Sie ist etwa zwei Zentimeter groß und hat gelbschwarz gestreifte Beine. Hätte ich eine Spinnenphobie, könnte ich wohl für Tage nicht mehr aus dem Fenster schauen, schade wär das, ich sähe die Birke nicht mehr, den Bambus, den Tulpenbaum, das Wiesenstück mit den Schattenbildern, die tausendgrüne Wand des Waldes und den blassblauen Himmel darüber, heute ohne einen einzigen Düsenkratzer. Hätte ich eine Schreibphobie, würde mir beim nächsten Buchstaben der Schweiß ausbrechen und ich müsste mich beim Anblick der Laptop-Tastatur übergeben, schade wär das, auch für den Laptop. Weil ich nicht weiß, an welchen Phobien ich leide, muss ich wohl ein glücklicher Mensch sein.

18. August 2012
Heute früh im Wald ein Reh gesehen, ich war ihm egal. Der Gojibeeren-Strauch, als Pflänzchen im Mai von R. geschenkt bekommen, hat schon Beeren angesetzt, die werden in zwei Monaten reif sein, wer weiß, was dann noch alles ist. Israel droht Iran mit Angriff, und Syrien macht sich selbst kaputt. Jetzt denke ich wieder gerne

an die vier van L.'s, weil sie nämlich zurück sind aus den
USA und meine Permaangst somit nur noch auf kleiner
Flamme kocht. Der jüngste Enkel hat die erste Schul-
woche hinter sich, seit Monaten hat er sich auf Haus-
aufgaben gefreut, jetzt hat er sie bekommen und wird sie
über Jahre haben. Im Kiesplatz schießt wieder das Gras
und das Kraut, dass es nur so knallt, aber einzig ich kann's
hören. Bin so spießig geblieben, dass ich einen Kiesplatz
jäte. Andere Spießigkeiten hab ich auch noch, aber was
soll ich mir den Kopf deswegen zerbrechen, er hat schon
Sprünge genug.

17. August 2012
Herrlich heiß. Schneide die verwelkten Blüten aus dem
Nelkenbusch und schneide gleichzeitig im Kopf Sätze aus
dem Text, an dem ich vorher gesessen habe, es sind bald
dreißig Seiten, und ich weiß immer noch nicht, ob das
was wird, was Taugliches, und wieder kommt die Katz
und stößt mich und riecht heute mindestens so gut wie
die Nelken, und ich höre den Nachbar niesen, er tut mir
somit seine Existenz kund. Man müsste ihn endlich mal
einladen, er wird an unserem Tisch gerne Probleme los.
Ein Wölkchen wär ein Wölkchen, von mir aus kann's
ein Jahr lang so bleiben, hell und heiß, vielleicht mal drei
Tage drei Meter Schnee und dann gleich wieder hell und
heiß.

16. August 2012
Die Katz sitzt neben mir, putzt sich, stemmt freund-
schaftlich den Kopf gegen meinen Arm, hat schlechten

Atem. Was soll mir jetzt wichtiger sein, ihre Freundschaft oder ihr Atem? Fakt: Zuneigung hat auch ihr Unangenehmes, nicht nur die von der Katz. Die Rebenblätter vor meinem Fenster glänzen, leuchten – ohne Sonne, denn heute ist grau – wie angeschlossen an ein Lichterkabel. Sehr schön ist das. Fakt: In vier Monaten werden sie als trockene Fetzen am Boden liegen und ich muss sie zusammenwischen, braunes Papier, das ein Wütender zerrissen und fauchend weggeworfen hat. Eine Grasmücke, ganz laut, grüßt etwas. Und oben Himmelsgrollen, Jet im Landeanflug. Ein paar dort drin werden beten, Gottseibeiuns.

Angelika Waldis:
Romane, Erzählungen, Aufzeichnungen

Ich komme mit – Roman, in Vorbereitung

Marktplatz der Heimlichkeiten – Roman, Europa Verlag 2015 / Piper Verlag 2016

Aufräumen – Roman, Europa Verlag 2013 / Piper Verlag 2014

Einer zu viel – Roman, Verlag Kein & Aber 2010

Die geheimen Leben der Schneiderin – Roman, Verlag Kein & Aber 2008 / Europa Verlag 2015

Verschwinden – Zwei Erzählungen, Verlag Kein & Aber 2006

Benjamin, mach keine Dummheiten, während ich tot bin – Briefe an meinen Enkel, Oesch Verlag, 2005

Jele und Rocco. Rocco und Jele – Die Geschichte einer Liebe, Schwartzkopff Buchwerke 2005

Tu nicht so – Kurzgeschichten, Verlag Kein & Aber 2004

Erhältlich im Buchhandel – zum Teil nur als eBook – oder antiquarisch (z. B. www.abebooks.de)